PETER AUER

SAUCEN

SAMTIG. SCHAUMIG. CREMIG.

PETER AUER

SAUCEN

SAMTIG. SCHAUMIG. CREMIG.

Fotos von Martina Görlach

KOSMOS

SAUCEN

UND HIER SEHEN SIE ES GANZ GENAU.

DAS IST
wirklich WICHTIG

DARAUF KOMMT'S AN! Hier erläutern wir alles, was zum Gelingen eines Rezepts wirklich wichtig ist. Wenn es sinnvoll ist, mit Bild, sonst auch mal ohne.

FEINE SAUCEN

die starken Begleiter

Sie sind für die meisten Genießer das eigentliche Objekt der Begierde
auf dem Teller – denn was wäre ein Braten ohne kräftig-aromatische Sauce,
ein Salat ohne kräuterfrische Vinaigrette, eine Pasta ohne würziges Pesto ...

„Lieber keine Sauce als eine schlechte" – so das Credo der Gourmetküche. Aber auch für die Alltagsküche gilt, dass erst eine gute Sauce einem liebevoll zubereiteten Gericht im wahrsten Sinn des Wortes die richtige Würze und Abrundung gibt. Gehaltvoll und kräftig, aber möglichst leicht und elegant, so sollte sie sein und Fleisch, Fisch, Gemüse, Pasta oder Dessert den letzten Schliff geben, den Geschmack der Zutaten ergänzen und unterstreichen.

SELBST GEMACHT SCHMECKT'S AM BESTEN

„Nur wenn ich was Gutes hineintue, kommt auch was Gutes heraus": Die Qualität der Grundprodukte ist – wie beim Kochen überhaupt – auch in der Saucenküche ganz entscheidend, auch wenn das manchmal etwas teurer zu stehen kommt.
Die beste Basis für aromatische Saucen ist ein kräftiger Fond, selbst gekocht, ganz ohne Zusatzstoffe, Geschmacksverstärker und künstliche Aromen. Nun gibt es heute zwar schon einige gute Fertigprodukte, die ohne künstliche Zusätze hergestellt sind und, sollte der eigene Fondvorrat mal aufgebraucht sein, auch zum Einsatz kommen können. Aber Sie werden es merken: Nichts geht über einen selbst gemachten Fond.
Bei der Zubereitung von Fonds und Saucen muss man zwar etwas Zeit investieren und es gilt, die Langsamkeit am heimischen Herd zu entdecken, aber das Ergebnis lohnt die Mühe! Legen Sie immer wieder mal einen Saucentag ein und kochen Sie einen Fond-Vorrat. Das dauert zwar etwas, aber die meiste Zeit köchelt der

Fond ja alleine vor sich hin. Kräftig reduziert, können Sie ihn portionsweise einfrieren und haben so bei Bedarf immer etwas vom „Gold der Küche", wie dieser konzentrierte Geschmack oft genannt wird, um daraus eine köstliche Sauce zuzubereiten.

AN DER SAUCE ERKENNT MAN DEN GUTEN KOCH!

Ausgehend von der Basis, dem selbst gemachten Fond, stellen wir Ihnen die wichtigsten Saucentypen vor und zeigen Schritt für Schritt, worauf es bei der Zubereitung wirklich ankommt. Dazu gibt es viele Variationen, Bekanntes und Neues, mediterran und asiatisch Inspiriertes und viele Tipps, wie Sie selbst mit Kräutern, Gewürzen und anderen Zutaten kreativ werden können. Sie finden einfache und schnelle Saucen sowie auch etwas aufwendigere, raffinierte Varianten, wenn es mal was Besonderes sein soll.
Dazu gibt es Informationen zu den wichtigsten Basiszutaten, zu Küchentechniken und zu Geräten, die in der Saucenküche nützlich sind. Da selbst bei sorgfältiger Zubereitung (übrigens auch dem erfahrensten Koch) mal etwas misslingt, ist auch für Pannenhilfe gesorgt. Und wir haben eine Übersicht zusammengestellt, welche Sauce wozu passt.

Mit unserem gesammelten Saucen-Know-how und 180 Rezepten für Saucen, Dressings, Dips und Chutneys sind Sie für alle Fälle gerüstet und finden sicher für jedes Gericht die passende Ergänzung. Und nun wünschen wir Ihnen viel Vergnügen beim Kochen und Genießen. Lassen Sie es sich schmecken!

SAUCENVIELFALT
ideale Begleiter für alle Fälle

BRATENSAUCE, BÉCHAMEL, VELOUTÉ, MAYONNAISE, VINAIGRETTE, SABAYON – IN DER GROSSEN WELT DER SAUCEN FINDET MAN FÜR JEDES GERICHT DIE IDEALE ERGÄNZUNG.

DIE SAUCENEINTEILUNG

Die Zeitrechnung der feinen Saucen beginnt in Frankreich, wie so vieles im Bereich der Esskultur. Es war Marie-Antoine Carême (1784–1833), einer der berühmtesten Köche seiner Zeit und Wegbereiter der Haute Cuisine, der als Erster die Welt der Saucen zu ordnen versuchte. Er unterschied zwischen kalten und warmen Saucen. Die für ihn wichtigere Gruppe der warmen Saucen unterteilte er in 3 Grundsaucen: die *Sauce Espagnole*, eine heute nicht mehr zeitgemäße, schwere Sauce mit braun gerösteter Mehlschwitze, *die Velouté* oder Samtsauce und die *Sauce Béchamel*. Durch verschiedene Zutaten und Gewürze ließen sich daraus viele „Ableitungen" herstellen, um den Eigengeschmack jedes Gerichts optimal zu unterstreichen. Von Carême und Auguste Escoffier (1846–1935), einem zweiten berühmten Saucen-Koch, stammt das Grundgerüst für die noch heute gültige Sauceneinteilung, die auch diesem Buch zugrunde liegt:
· Braune Grundsaucen für Fleisch
· Helle Grundsaucen für Fleisch und Fisch
· Buttersaucen
· Gemüsesaucen
· Ölsaucen
· Dessertsaucen (später hinzugekommen).

DUNKLE SAUCEN

Sie sind die Stars der Saucenküche. Etwas zeitaufwändig, aber der Aufwand lohnt sich: harmonische, kraftvolle und überaus aromatische Saucen, die vor allem zu dunklem Fleisch und Geflügel schmecken. Die Basis ist ein kräftiger Fond, mit dem der Saucenansatz aufgefüllt wird. Oft verwendet man auch eine Demiglace, bei deren Zubereitung, im Gegensatz zum Fond, die gerösteten Knochen nicht mit Wasser, sondern mit dunklem Fond abgelöscht werden und die stärker eingekocht wird.

HELLE SAUCEN

Sie sind die ideale Ergänzung zu gekochtem oder pochiertem Fisch und Fleisch, für Geflügel und Gemüse. Die Basis ist, passend zum Gericht, ein kräftiger heller Fleisch-, Geflügel-, Fisch- oder Gemüsefond. Gebunden mit einer klassischen weißen Mehlschwitze wird daraus eine Velouté, eine Grundsauce, die man durch verschiedene Zutaten wie Kräuter, Gemüse, Weißwein variieren und durch Sahne und Crème fraîche verfeinern kann.
Eine andere weiße Grundsauce, die Béchamelsauce, erhält man, wenn man die Mehlschwitze mit Milch statt mit Fond aufgießt.

GEMÜSESAUCEN

Die wohl bekannteste Grundsauce ist hier die Tomatensauce, die man mit und ohne Fond zubereiten kann und mit Kräutern, Gewürzen, Speck, Fisch vielfältig abwandeln kann. Sie schmeckt zu Pasta, zu Fleisch und Fisch. Aber auch Gemüse wie Karotten, Paprika und Auberginen lassen sich gut zu Saucen verarbeiten, ebenso wie viele Früchte, die würzig abgeschmeckt gut zu Fleisch und Fisch passen.

BUTTERSAUCEN

Sie sind Emulsionen aus einer Flüssigkeit und Butter. Ein klassisches Grundrezept ist hier die Beurre blanc, für die eiskalte Butterwürfelchen unter eine reduzierte Flüssigkeit geschlagen werden. Die wohl bekannteste Buttersauce ist die Hollandaise, die mit flüssiger Butter zubereitet und über einem Wasserbad aufgeschlagen wird. Sie passt gut zu Spargel und anderen Gemüsesorten, zu pochiertem Fisch und hellem Fleisch.

KALTE SAUCEN

Die wichtigsten Grundsaucen sind hier Mayonnaise, Vinaigrette und Pesto, die auf Ölbasis zubereitet werden. Aber auch Dips, die aus Milchprodukten angerührt werden, und Chutneys, pikante Saucen aus Gemüse und Früchten, gehören dazu.

DESSERTSAUCEN

Auch Süßes, wie Eis, Obst, Pudding oder Kuchen, schmeckt mit einer Sauce besonders gut. Die Klassiker sind Vanille- und Schokoladensaucen, aber auch Fruchtsaucen und cremig aufgeschlagene Sabayons runden Nachtische geschmacklich ab.

KÜCHENWERKZEUG
zum Kochen, Rühren & Pürieren

FÜR DIE ZUBEREITUNG FEINER SAUCEN BRAUCHT MAN NEBEN GUTEN ZUTATEN UND HANDWERKLICHEM KNOW-HOW AUCH DAS RICHTIGE WERKZEUG. ALLERDINGS SIND NUR WENIGE SPEZIALGERÄTE NÖTIG. WER ÜBER EINE SOLIDE GRUNDAUSSTATTUNG VERFÜGT, IST IN DER REGEL SCHON GUT VERSORGT.

ZUM KOCHEN UND BRATEN

Für die Herstellung von Fonds ist ein großer, hoher Topf erforderlich. Er sollte ein Fassungsvermögen von mindestens 6 l haben, besser sind 8 oder 10 l. Mindestens 2 Stieltöpfe (auch Sauteusen oder Kasserollen genannt) sollten vorhanden sein, davon einer eher schmal und hoch, um Saucen länger köcheln zu lassen. Der andere Topf, den man zum Reduzieren von Saucen verwenden kann, sollte möglichst breit und flach sein, denn je größer die Oberfläche ist, an der die Flüssigkeit verdampfen kann, desto schneller ist die Sauce eingekocht. Alle Töpfe sollten aus hochwertigem Material, z. B. Edelstahl, sein und einen dicken, gut wärmeleitenden Boden haben.
Wer sich für einen Induktionsherd entschieden hat, braucht spezielle Töpfe und Pfannen aus ferromagnetischem Material, damit die Leitfähigkeit sichergestellt ist.

Für das Rösten von Knochen und Fleischabschnitten benötigt man einen großen, schweren, idealerweise gusseisernen Bräter, der auch in den Backofen geschoben werden kann. Eine Pfanne mit ca. 30 cm Durchmesser rundet die Grundausstattung zum Kochen und Braten ab.

ZUM SCHÖPFEN UND SIEBEN

Siebe aus hochwertigem Edelstahl sind wichtig in der Saucenküche, um festes und flüssiges Kochgut zu trennen. Für dünnflüssige Saucen und Fonds ist ein Spitzsieb ideal. Außerdem sollten 2 runde Siebe mit feinem Drahtgeflecht (eines mit 12–15 cm und eines mit 25–30 cm Durchmesser) vorhanden sein. Soll die Sauce sehr fein passiert werden, empfiehlt es sich, das Sieb mit einem Passiertuch aus locker gewebter Baumwolle auszulegen.
Eine Schöpfkelle ist beim Passieren der Saucen sehr hilfreich. Ein Schaumlöffel mit Löchern oder feinmaschigem Geflecht wird für das Abschöpfen von Trübstoffen beim Kochen der Fonds benötigt.

ZUM RÜHREN UND SCHLAGEN

Neben unterschiedlichen Kochlöffeln gehören eine Küchenspatel mit langem Stiel und ein Rührbesen zur Grundausstattung. Rührbesen gibt es in verschiedenen Formen und Größen. Ein herkömmlicher Schneebesen mit leicht biegsamen, möglichst vielen Drähten, um reichlich Luft unterschlagen zu können, ist aber in den meisten Fälle ausreichend. Ein Handrührgerät erleichtert die Arbeit und verquirlt die Zutaten, z.B. für eine Mayonnaise, ohne Kraftaufwand.
Um Saucen aufzuschlagen, benötigt man außer einem Rührbesen eine große Schüssel oder einen Schlagkessel aus Edelstahl oder Kupfer. Für Saucen, die über einem Wasserbad aufgeschlagen werden, z.B. für Sabayons und Buttersaucen, gibt es spezielle, doppelwandige Töpfe, in die heißes Wasser gefüllt wird (Bain-Marie). Man kann aber auch einen einfachen Topf nehmen, mit Wasser füllen und eine in der Größe passende Schüssel, am besten aus Edelstahl, da sie die Hitze gut leitet, hineinsetzen.

ZUM MIXEN UND PÜRIEREN

Ein Pürierstab mit starkem Motor ist ideal, um Saucen ganz schnell sämig zu mixen oder sie kurz vor dem Servieren nochmal aufzuschlagen, damit sie eine leichte, schaumige Konsistenz bekommen. Um größere Mengen, auch mit festen Zutaten, zu pürieren, ist ein Standmixer gut geeignet. Will man kleine Mengen von Gewürzen zerkleinern oder eine Paste herstellen, ist ein Mörser eine gute Anschaffung.

SONSTIGES ZUBEHÖR

Scharfe Messer und eventuell ein Küchenbeil, um Knochen zu zerhacken, sowie ein gut aufliegendes großes Schneidebrett sollten in keinem Haushalt fehlen. Auch eine gute Reibe zum Raspeln von grob bis fein, z.B. für Käse oder Schokolade, ist wichtig. Ein nützliches Spezialgerät ist ein Zestenreißer, um die Schalen von Zitrusfrüchten in feinsten Streifen abziehen zu können.

BASIS FÜR FONDS
Knochen & Karkassen

FÜR DIE ZUBEREITUNG VON FONDS UND SAUCEN WERDEN KNOCHEN, KARKASSEN UND FLEISCHAB-SCHNITTE VERWENDET, DIE BEIM KOCHEN IHRE GESCHMACKSSTOFFE AN DIE FLÜSSIGKEIT ABGE-BEN. QUALITÄT UND FRISCHE IST OBERSTES GEBOT, BESONDERS BEI DEN ZUTATEN FÜR EINEN FISCH- ODER KRUSTENTIERFOND.

KNOCHEN

Die wichtigste Zutat für einen Fond sind die Knochen der verschiedenen Schlachttiere. Das können Knochen vom Rind, Kalb, Lamm oder auch von Wild sein. Knochen vom Schwein werden im Allgemeinen, außer bei regionalen Spezialitäten, nicht verwendet. Die Knochen werden entweder gehackt oder zersägt, eine Arbeit, die man auch vom Metzger erledigen lassen kann. Das Zerkleinern ist deshalb wichtig, weil sich dadurch die Oberfläche vergrößert und mehr Aromastoffe ausgelöst werden und in den Fond gelangen können. Besonders schmackhaft wird der Fond, wenn man Fleischknochen (Knochen mit anhaftendem Fleisch, z.B. Rippenknochen, Halswirbel, Beinscheiben) verwendet. Oder man ergänzt beim Auskochen die Knochen zusätzlich mit einem Stück Kochfleisch wie Hochrippe, Querrippe oder Rinderbrust.

ABSCHNITTE (PARÜREN)

Auch Parüren (von frz. *parer*, herrichten), kleine Fleischabschnitte, Sehnen und Knorpel, die anfallen, wenn man Fleisch pariert, also küchen- und bratfertig macht, sind ideal für die Zubereitung von Fonds und Saucen. Sie haben, ebenso wie Fleischknochen, einen hohen Anteil an Bindegewebe und lassen den Fond nach dem Erkalten besser gelieren, weil darin viel Kollagen enthalten ist. Das gilt auch für Kalbsfüße. Das Protein Kollagen ist in gereinigter und getrockneter Form als Gelatine bekannt.

GEFLÜGELKARKASSEN

Für einen Geflügelfond kann man neben der Karkasse (von frz. *carcasse*, Rumpf, Gerippe) auch andere Teile wie Flügel, Hals, Innereien oder Knochen, die beim Zerteilen oder Auslösen anfallen, verwenden. Das Fett möglichst vollständig entfernen. Natürlich lässt sich ein Fond nicht nur aus Geflügelteilen und -knochen zubereiten, sondern auch mit einem ganzen Suppenhuhn. Da die verschiedenen Geflügelarten (Huhn, Pute, Ente, Gans, Wildgeflügel) zum Teil sehr unterschiedlich im Geschmack sind, sollte man die verwendeten Teile nicht mischen.

FISCHKARKASSEN

Für einen Fischfond werden Mittelgräten, Haut, Köpfe und Flossen verwendet. Die Kiemen sollten entfernt werden, da sie den Fond bitter machen. Für einen sehr feinen Fischfond nimmt man nur Gräten, da die anderen Abschnitte tranig schmecken können und den Geschmack beeinträchtigen. Für die Zubereitung sind nur magere weißfleischige Fische,

z.B. Zander, Scholle, Seezunge, Steinbutt, geeignet. Verwendet man Lachs oder Forelle, sollte man in jedem Fall nur die Gräten verwenden und den Kopf und die Haut mit Fettschicht entfernen, damit der Fond nicht tranig schmeckt.

Fische mit hohem Fettanteil, wie Makrelen oder Heringe, sind für die Herstellung von Fonds nicht geeignet. Fischkarkassen sollten vor der Zubereitung gründlich unter kaltem Wasser abgespült oder in kaltem Wasser gewässert werden. Zum Zerkleinern reicht in der Regel ein kräftiges Küchenmesser.

KRUSTENTIERKARKASSEN

Von Krustentieren, z.B. von Hummer, Kaisergranaten, Flusskrebsen, verwendet man den Panzer, die Beine und Scheren, die sorgfältig gesäubert und vor der Zubereitung unter fließendem kaltem Wasser abgespült werden. Karkassen lassen sich auch gut einfrieren und bei Bedarf verwenden.

Krustentiere müssen sehr frisch sein und angenehm riechen. Fischiger Geruch weist darauf hin, dass die Karkassen verdorben sind. Auch hier reicht zum Zerkleinern in der Regel ein kräftiges Küchenmesser.

GEMÜSE & KRÄUTER
für Aroma und Geschmack

FÜR ALLE FONDS UND VIELE SAUCEN IST GEMÜSE EIN UN-ENTBEHRLICHER GESCHMACKS-TRÄGER. UND KRÄUTER GEBEN VINAIGRETTES, DIPS UND AUCH WARMEN SAUCEN EIN GANZ BESONDERES AROMA.

WURZELGEMÜSE

Karotten, Knollen- oder Staudensellerie und Petersilienwurzeln gehören zu den Grundzutaten jedes Fonds. Sie werden, wie auch andere Gemüsesorten, in der Saucenküche immer zerkleinert verwendet. Denn je größer die Oberfläche der Gemüsestücke ist, desto mehr Aromastoffe werden beim Anschwitzen, Anbraten oder Kochen gelöst und desto gehaltvoller werden Fonds oder Saucen.
Geröstetes oder scharf angebratenes Gemüse verleiht dem Fond zusätzlich ein kräftiges Aroma. Allerdings sollte es nicht schwarz und verbrannt sein, denn sonst schmeckt die Sauce bitter.

ZWIEBELGEMÜSE

Zwiebeln finden in vielerlei Gestalt in der Saucenküche Verwendung. Universell einsetzbar ist die kleine braune Küchenzwiebel. Milder im Geschmack ist die große Metzger- oder Gemüsezwiebel. Am feinsten schmecken Schalotten. Ein mildwürziges Aroma haben Frühlingszwiebeln, bei denen man auch die grünen Teile verwenden kann.

Lauch ist der mildeste Vertreter der Zwiebel-Familie. Man verwendet für Saucen meist nur die weißen und hellgrünen Teile des Schafts. Beim Kochen eines Fonds können auch die dunkelgrünen, flachen Blattspitzen in den Topf kommen.

FRUCHTGEMÜSE

Fruchtgemüse wie Tomaten und Paprika sind die Basis von feinen Saucen zu Fisch und hellem Fleisch. Die Qualität einer Tomatensauce hängt ganz entscheidend von der Reife der Früchte ab. Je reifer sie sind, desto höher ist ihr Zuckergehalt. Dosentomaten von guter Qualität sind durchaus zu empfehlen und vor allem im Winter eine gute Alternative zu Treibhaustomaten.
Paprika werden als grüne, gelbe oder rote Schoten angeboten, wobei letztere am aromatischsten sind. Die bitter schmeckenden weißen Trennwände müssen vor der Verwendung zusammen mit den Samen entfernt werden. Geschmacklich besonders feine Saucen erhält man, wenn man die Paprikaschoten im Backofen grillt und danach die Haut abzieht.

PILZE

Frische oder getrocknete Pilze verleihen Fonds und Saucen das gewisse Etwas, vor allem schwarze oder weiße Trüffel mit ihrer unvergleichlichen Würze. Zuchtpilze wie Champignons, Austernpilze oder Shiitake sind das ganze Jahr verfügbar, aber nicht so aromatisch wie Pfifferlinge, Maronen und besonders Morcheln oder Steinpilze, die vor allem getrocknet Saucen besondere Würze geben.

KRÄUTER

In der Saucenküche spielen besonders frische Kräuter eine große Rolle, da sie getrocknet doch viel an Aroma einbüßen. Eine gute Alternative sind auch tiefgekühlte Kräuter. Einige mediterrane Kräuter wie Thymian oder Oregano haben auch getrocknet eine sehr gute Würzkraft.
Der Geschmack frischer Kräuter ist am ausgeprägtesten, wenn sie nicht erhitzt werden, da die ätherischen Öle dabei verfliegen. Vor allem Kräuter mit zarten Blättern, wie Koriander oder Basilikum, sollten bei warmen Saucen erst ganz zum Schluss zugegeben werden, sonst werden sie braun und unansehnlich. Robustere Sorten wie Thymian oder Rosmarin können auch einige Zeit in der Sauce mitgaren. Lorbeerblätter, deren fein-herbes Aroma sich nur langsam entfaltet, werden nur gegart verwendet. Um Fonds ein kräftiges Aroma zu geben, kann man Kräuterstängel (z. B. von der Petersilie) mitkochen.
Neben den klassischen heimischen Küchenkräutern wie Petersilie (die glatte Variante würzt intensiver als die krause), Schnittlauch, Dill, Kerbel, Liebstöckel und Estragon werden für schmackhafte Saucen auch mediterrane Sorten wie Basilikum, Rosmarin, Salbei und Thymian verwendet. Besonders aromatisch sind auch asiatische Kräuter wie Koriander, Thai-Basilikum und Zitronengras.

SAUCEN WÜRZEN
wichtige Gewürze & Würzmittel

SIE GEBEN KALTEN UND WARMEN SAUCEN AROMA, EINIGE AUCH SCHÄRFE UND FARBE. IHRE VERWENDUNG VERLANGT FINGERSPITZENGEFÜHL, DENN SIE SOLLEN MIT DEM EIGENGESCHMACK DER ZUTATEN HARMONIEREN UND DÜRFEN IHN NICHT ÜBERDECKEN.

UMGANG MIT GEWÜRZEN

Kaufen Sie Gewürze, da sie bei der Lagerung an Aroma verlieren, möglichst in kleinen Mengen und ungemahlen ein. Mahlen, mörsern oder reiben Sie nur die Menge, die Sie jeweils brauchen. Grob gemörsert und in etwas Öl angeschwitzt, wird ihr Geschmack noch intensiver. Lagern Sie Gewürze immer kühl und trocken. Gewürze sollten in der Regel nicht oder nur kurz mitgekocht werden. Pfeffer immer erst kurz vor dem Servieren zugeben, sonst verliert er seine frische Schärfe.

PFEFFER

Neben dem universellen Würzmittel Salz, das nicht zu den Gewürzen zählt, ist Pfeffer sicher das meistverwendete Gewürz in unserer Küche. Schwarzer Pfeffer schmeckt kräftig und scharf, der weiße feiner und milder. Eine fruchtige Note hat grüner Pfeffer. Rosa Pfeffer (der Name ist irreführend, da er gar nicht zu den Pfeffergewächsen gehört) ist mild-aromatisch und süßlich-fruchtig.

PAPRIKAPULVER

Das Pulver wird aus der getrockneten Gewürzpaprika hergestellt. Die schärfste Variante ist der Rosenpaprika, die mildeste der Delikatesspaprika. Edelsüßer Paprika ist mild und aromatisch und färbt die Saucen rot.

CHILIS

Sie sind die kleinsten und schärfsten Paprikaschoten, die es in vielen Varianten und Schärfegraden gibt. Die italienischen Peperoni bzw. Peperoncini sind relativ milde Varianten. Die Schärfe rührt von dem Alkaloid Capsaicin her, das sich vor allem in den weißen Trennwänden und Samen findet.
Die Schoten können frisch als Würzmittel verwendet werden oder aber getrocknet und gemahlen. Sie sind auch Bestandteil vieler Gewürzmischungen. Cayennepfeffer wird aus getrockneten und gemahlenen roten Chilischoten hergestellt.

INGWER

Die Ingwerwurzel wird frisch sowie getrocknet und gemahlen verwendet. Sie hat ein würziges, leicht zitroniges Aroma und einen scharfen Geschmack.

MUSKATNUSS

Der Samenkern hat ein fein-intensives Aroma und einen kräftig-würzigen Geschmack und sollte immer frisch gerieben und sparsam verwendet werden.

ZIMT

Er hat ein fein-aromatisches, süßliches Aroma und wird in Pulverform verwendet oder in kleinen Stangen, die aus dünnen Lagen Zimtrinde bestehen, die man nach dem Kochen entfernt. Zimt entfaltet sein Aroma am besten in Begleitung von Süßem.

VANILLE

Ein Gewürz mit besonders intensivem Aroma und edler Süße, das vor allem für Dessertsaucen verwendet wird. Man kann das Mark aus den aufgeschlitzten Schoten kratzen und verwenden oder auch die ganzen Stangen mitkochen.

SAFRAN

Er ist das teuerste Gewürz der Welt. Die roten Safranfäden (getrocknete Narben einer besonderen Krokusart) oder das gemahlene Pulver (es ist allerdings oft mit Kurkuma versetzt) geben Saucen nicht nur ein feines Aroma, sondern färben sie gelb.

WÜRZSAUCEN UND -PASTEN

Sie sind unentbehrlich zum Abschmecken von Saucen, Dips und Dressings. Dazu gehören klassische scharfe Würzsaucen auf Chilibasis wie z. B. Tabasco oder die englische Worcestersauce aus Essig, Tamarindenextrakt, Melasse und verschiedenen Gewürzen.
Die bekannteste asiatische Würzsauce ist die helle oder dunkle Sojasauce, die aus fermentierten Sojabohnen hergestellt wird. Sambal Oelek ist eine scharfe indonesische Würzpaste, die aus Chilis, Essig und Salz zubereitet ist.

SAUCENTECHNIK
kochen, reduzieren & aufschlagen

ES GIBT EINIGE GRUNDTECHNI-
KEN, DIE IN DER SAUCENKÜCHE
ZUM EINSATZ KOMMEN UND DIE
MAN BEHERRSCHEN SOLLTE,
UM SCHMACKHAFTE FONDS UND
SAUCEN ZUBEREITEN ZU KÖNNEN.

ANSCHWITZEN

Für helle Saucen werden als Grundlage Zwiebeln oder Schalotten in etwas Öl oder Butter bei mittlerer Hitze unter Umrühren angeschwitzt, d.h. kurz gegart, bis sie glasig, d.h. durchsichtig sind. Sie dürfen nicht braun werden, also keine Röststoffe bilden, sonst verlieren sie ihren milden Geschmack und färben helle Saucen unschön.

ANBRATEN UND RÖSTEN

Für kräftige dunkle Fonds und Saucen sind Röststoffe eine wichtige Voraussetzung. Dafür lässt man in einer Pfanne in Öl (keine Butter verwenden, da sie verbrennt) bei mittlerer Hitze Knochen und Fleischabschnitte langsam Farbe nehmen. Große Mengen werden im Backofen bei hoher Temperatur (ca. 200 °C) angeröstet. Je langsamer man röstet, desto mehr Aromastoffe bilden sich, die Fonds und Saucen intensiven Geschmack und kräftige Farbe geben. Erst wenn die Knochen braun geröstet sind, gibt man das Gemüse dazu und röstet es ebenfalls an.

ABLÖSCHEN

Die aromatischen Röststoffe, die sich beim Anbraten bilden, setzen sich als braune Kruste am Topfboden fest und lassen sich, nach dem Abgießen von überschüssigem Fett, mit Flüssigkeit (Wasser, Fond, Wein, Spirituosen) ablöschen und loskochen. Verbrannten Bratensatz nicht verwenden, da die Sauce sonst bitter schmeckt.

KOCHEN UND REDUZIEREN

Hat man Knochen und Gemüse angeröstet und abgelöscht, gießt man, um einen Fond zuzubereiten, mit kaltem Wasser auf, bringt den Inhalt zum Kochen und lässt ihn langsam bei kleiner Temperatur köcheln. Dabei immer wieder mit einer Schaumkelle die Trübstoffe entfernen, die sich an der Oberfläche als Schaum absetzen.

Fonds nicht länger kochen als im Rezept angegeben, sonst leidet der Geschmack. Fischfonds ca. 30 Minuten köcheln, dann maximal noch 30 Minuten ziehen lassen. Ein Gemüsefond sollte nicht länger als 1 Stunde kochen. Ein Kalbs- und Geflügelfond dagegen sollte immer 5–6 Stunden köcheln.

Fonds können, nachdem man sie durch ein Sieb passiert hat, noch weiter eingekocht werden. Dabei verdampft das Wasser und die Reduktion wird zunehmend dickflüssiger und aromatischer. Fonds zu Beginn immer nur vorsichtig salzen, damit sie beim langen Einkochen nicht zu würzig werden.

PASSIEREN

Um den Fond für die Weiterverarbeitung von ausgelaugten Knochen und Gemüse zu trennen, gibt man ihn durch ein Sieb, am besten ein Spitzsieb. Langsam ablaufen lassen und das Gemüse nicht ausdrücken, damit der Fond klar bleibt. Eventuell das Sieb mit einem Passiertuch auslegen. Auch viele Saucen werden passiert, um gröbere Bestandteile wie Schalottenwürfel, Gemüse- und Fruchthaut oder Kerne zu entfernen.

ENTFETTEN

Vor der Weiterverarbeitung sollte ein Fond immer entfettet werden. Da Fett leichter als Wasser ist, sammelt es sich an der Oberfläche und kann mit einem Löffel abgeschöpft oder mit einem Küchenpapier abgesaugt werden. Lässt man den Fond erkalten, erstarrt die Fettschicht und lässt sich leicht abheben.

AUFSCHLAGEN

Man kann Saucen kalt und warm aufschlagen. Kalt aufgeschlagen wird z.B. eine Mayonnaise. Dabei wird Eigelb verrührt und Öl ganz langsam, zunächst tropfenweise, und unter ständigem Schlagen mit einem Schneebesen oder einem Handrührgerät untergerührt. Alle Zutaten müssen Zimmertemperatur haben.

Warm aufgeschlagene Saucen wie z.B. eine Hollandaise, ein Sabayon oder auch eine Vanillesauce gelingen am besten über einem Wasserbad. Hier wird Eigelb mit Flüssigkeit (z.B. Weißweinreduktion, Wein, Milch und Sahne) cremig aufgeschlagen. Die Temperatur darf dabei nicht zu heiß sein (maximal 80 °C), damit das Eigelb nicht gerinnt.

SAUCEN BINDEN

mit Mehl, Butter, Sahne und Ei

ES GIBT VERSCHIEDENE MÖGLICHKEITEN, EINE SAUCE ZU BINDEN UND IHR STABILITÄT ZU GEBEN. DIE MEISTEN BINDEMITTEL VERÄNDERN NICHT NUR DIE KONSISTENZ, SONDERN UNTERSTÜTZEN UND VERFEINERN DABEI ZUGLEICH AUCH DEN GESCHMACK DER SAUCE.

REDUKTION

Die einfachste Form der Bindung ist das Einkochen der Sauce, offen und bei starker Hitze, bis sie die gewünschte Konsistenz erreicht hat und schön glänzend ist.

BUTTER

Durch ihren hohen Fettgehalt bindet Butter sehr gut und rundet Saucen auch geschmacklich ab. Kurz vor dem Servieren nimmt man den Topf vom Herd und schlägt mit einem Schneebesen kleine Butterstückchen unter die Sauce. Die Butter sollte immer sehr gut gekühlt sein, dann bindet sie besser.

SAHNE, CRÈME FRAÎCHE & CO.

Je höher der Fettanteil, desto besser binden Sahne, Crème fraîche oder Crème double die Sauce, der sie zugleich eine samtige Konsistenz verleihen. Sauerrahm sollte nach dem Unterrühren nicht mehr aufgekocht werden, sonst flockt er aus.

EIGELB

Nicht nur bei Mayonnaise und Sauce hollandaise ist Eigelb für die Bindung wichtig. Auch andere Saucen können kurz vor dem Servieren damit gebunden werden. Man verrührt das Eigelb mit 1–2 EL der Sauce und rührt die Mischung unter. Die Sauce darf anschließend nicht mehr kochen, sie soll nur auf ca. 70 °C erhitzt werden, sonst flockt das Eigelb aus und die Bindung geht wieder verloren.

SPEISESTÄRKE

Ein unkompliziertes und geschmacksneutrales Bindemittel (aus Weizenmehl, Mais, Reis oder Kartoffeln), das sich für alle heißen Saucen eignet. Die Speisestärke wird in kaltem Wasser (Verhältnis 1:1) aufgelöst und mit einem Schneebesen in die heiße Sauce eingerührt. Die Sauce danach aufkochen und ein paar Minuten köcheln lassen. Besonders hohe Bindekraft hat die sehr feine Stärke aus der Arrow- oder Pfeilwurzel.

MEHLSCHWITZE (ROUX)

Dazu zerlässt man Butter in einem Topf, fügt die gleiche Menge Mehl zu und schwitzt die Mischung, je nach gewünschter Färbung, einige Minuten unter ständigem Rühren an. Darauf achten, dass die Mehlschwitze nicht anbrennt. Mit kalter Flüssigkeit ablöschen.

MEHLBUTTER

Weiche Butter und die gleiche Menge Mehl werden gründlich miteinander verknetet, danach in die Sauce eingerührt und einige Minuten mitgekocht. Mehlbutter ist zur Bindung klarer Saucen allerdings ungeeignet, da diese sonst trüb werden.

BROT

Vor allem rustikale Saucen kann man gut mit Brot binden. Dazu eignen sich Brotkrumen ohne Rinde oder Brösel, die man einige Minuten mitkochen lässt.

KARTOFFELN

Ebenfalls für rustikale Saucen eignet sich die Bindung mit Kartoffeln. Diese werden entweder frisch gerieben oder gekocht und mit der Gabel zerdrückt, dann der Sauce zugegeben und für einige Minuten mitgekocht.

GEMÜSE- UND FRUCHTPÜREE

Auch die verschiedensten Gemüsesorten (Knollensellerie, Möhren, Petersilienwurzel, Blumenkohl, Kürbis) eignen sich gut zum Binden von Saucen, die damit auch geschmacklich eine besondere Note bekommen. Dafür das Gemüse in Würfel schneiden, in Gemüsebrühe weich kochen und anschließend pürieren. Auch eingeweichte Trockenfrüchte oder frische Beeren lassen sich pürieren und zum Binden von Dessertsaucen oder auch fruchtigen Saucen, die z. B. gut zu Geflügel passen, verwenden.

SAUCE HOLLANDAISE

Eine klassische Variante der Bindung stammt aus der Gourmetküche Frankreichs. Dabei wird der Sauce etwas Sauce hollandaise zugegeben. Wegen des Eigehalts darf die Sauce danach nicht mehr aufgekocht werden.

DUNKLE SAUCEN

kräftig & gehaltvoll

WER EINEN DUNKLEN FOND IM VORRAT HAT, KANN
GANZ EINFACH WOHLSCHMECKENDE DICHTE UND
SAMTIGE SAUCEN ZUBEREITEN, DIE BESONDERS
GUT ZU KRÄFTIGEN FLEISCHGERICHTEN PASSEN.

DUNKLER KALBSFOND
kräftig angeröstet

EIN SAUCENTAG LOHNT SICH! DENN DIESER GRUNDFOND, DER SICH EINFACH ZUBEREITEN UND GUT PORTIONSWEISE EINFRIEREN LÄSST, IST DIE IDEALE BASIS FÜR DIE VIELFÄLTIGSTEN SAUCENVARIATIONEN.

Zutaten für ca. 4 l

200 g Zwiebeln

200 g Karotten

200 g Knollensellerie

200 g Lauch

200 ml Sonnenblumen- oder Rapsöl

5 kg Kalbsknochen oder 3 kg Rippenknochen mit Fleisch

400 g Tomatenmark

8 l Wasser

1 l trockener Rotwein

1 TL schwarze Pfefferkörner

1 TL Korianderkörner

1 TL Wacholderbeeren

Zeitbedarf
▪ 50 Minuten + 6 Stunden kochen

So geht's

1. Den Backofen auf 200 °C (Umluft 180 °C) vorheizen. Das Gemüse schälen bzw. putzen und in ca. 2 cm große Stücke schneiden.

2. Ein Backblech oder einen großen Bräter leicht mit Öl einstreichen und ⅔ der Knochen darauf verteilen. Im Backofen ca. 30 Minuten rösten. [→a].

3. Das restliche Öl in einem großen Topf erhitzen. Die restlichen Knochen zugeben und langsam rösten, bis sie goldbraun sind. Das kann bis zu ½ Stunde dauern. Das Gemüse zugeben und ebenfalls anrösten. Falls nötig, noch etwas Öl zufügen.

4. Das Tomatenmark zugeben, mit ca. 200 ml Flüssigkeit ablöschen und sorgfältig umrühren. Sobald sich das Tomatenmark am Topfboden festsetzt, erneut ablöschen und mit einer Spatel vom Topfboden schaben. Diesen Vorgang 4- bis 5-mal wiederholen, bis das Tomatenmark eine kräftige braune Farbe genommen hat. [→b]

5. Die Knochen aus dem Backofen zugeben, die restliche Flüssigkeit und den Rotwein angießen. Die Gewürze in ein kleines Mullsäckchen oder einen Teefilter füllen, zubinden und ebenfalls zugeben. [→c] Den Fond zum Kochen bringen und abschäumen.

6. Den Fond ca. 4–5 Stunden bei kleiner Hitze köcheln lassen. Dabei immer wieder umrühren, damit nichts anbrennen kann. Den Fond anschließend durch ein feines Sieb geben und nach dem Erkalten entfetten [→d].

FOND AUF VORRAT Gut verschlossen lässt sich der Fond im Kühlschrank ca. 1 Woche aufbewahren. Entfettet und in kleinen Portionen tiefgefroren, hält er sich bis zu 6 Monaten.

DAS IST
wirklich
WICHTIG

[a] RÖSTEN Die Kalbsknochen langsam von allen Seiten rösten. Darauf achten, dass sie nicht anbrennen, daher immer wieder umrühren. Durch das langsame Rösten entstehen Aromastoffe, die dem Fond nicht nur intensiven Geschmack, sondern auch eine kräftige dunkle Farbe geben.

[b] TOMATENMARK Wenn es sich am Topfboden ansetzt, mit einer Spatel losschaben und ablöschen. So lange wiederholen, bis das Tomatenmark kräftig braun ist, dabei darauf achten, dass es nicht zu dunkel wird, sonst schmeckt der Fond bitter.

[c] GEWÜRZE Geben Sie den Gewürzbeutel erst nach dem Angießen zu und lassen Sie ihn mitköcheln.

[d] ENTFETTEN Nach dem Erkalten des Fonds die Fettschicht vorsichtig mit einem Löffel abheben. Wenn Sie den Fond bald verwenden wollen, entfetten Sie ihn erst kurz vor der Zubereitung der Sauce.

JE LANG-SAMER MAN ANRÖSTET, DESTO INTENSIVER IST DAS AROMA.

[a]

[b]

[c]

[d]

DUNKLE SAUCEN

DAS IST *wirklich* WICHTIG

[a] HITZE REDUZIEREN Nach dem Anrösten der Kalbsfüße und Fleischabschnitte die Hitze reduzieren, damit die Kräuter und Gewürze nicht anbrennen und ihr Aroma gut entfalten können. Die Flüssigkeit angießen und ganz langsam einköcheln lassen.

[c] GLACE Wenn Sie die Sauce entsprechend lange einkochen, geliert sie nach dem Erkalten und wird zur Glace.

[a]

[c]

[b] SAUCE FERTIGSTELLEN Nach dem Einkochen und Durchpassieren die Sauce vorsichtig mit Salz und Pfeffer würzen und mit kalten Butterwürfeln verfeinern.

26

[b]

BRATENSAUCE
kräftig und aromatisch

DIESE HOCHAROMATISCHE GRUNDSAUCE, AUCH DEMIGLACE GENANNT,
SOLLTE IN DER FEINEN SAUCENKÜCHE NICHT FEHLEN. AUF DER BASIS
DES DUNKLEN KALBSFONDS IST SIE EINFACH ZUZUBEREITEN.

Zutaten für 4 Portionen

250 g Kalbfleischabschnitte und Kalbsfüße

50 g Schalotten

1 TL Butterschmalz

10 Wacholderbeeren

20 Pfefferkörner

1 Rosmarinzweig

1 Thymianzweig

1 EL Butter

je 100 ml Rotwein, Madeira und roter Portwein

1 l dunkler Kalbsfond (siehe Seite 24)

Salz, Pfeffer aus der Mühle

1 TL Speisestärke

Zeitbedarf
▪ 30 Minuten +
  2 Stunden kochen

So geht's

1. Die Kalbsfüße und Fleischabschnitte gegebenenfalls zerkleinern. Die Schalotten abziehen und in Scheiben schneiden.

2. Das Butterschmalz in einem Topf erhitzen. Kalbsfüße und Fleischabschnitte zugeben und langsam goldgelb rösten. Die Schalotten, die Wacholderbeeren, die Pfefferkörner, den Rosmarin sowie den Thymian und ½ EL Butter zugeben und 10 Minuten mitrösten. Dabei die Temperatur reduzieren. Mit Rotwein, Madeira und Portwein ablöschen und den Fond angießen. [→a]

3. Die Flüssigkeit zum Kochen bringen und bei kleiner Hitze langsam so lange köcheln lassen, bis die Sauce auf ca. ½ l eingekocht ist. Mit Salz und Pfeffer würzen.

4. Die Speisestärke in kaltem Wasser auflösen und in die Sauce einrühren. Die Sauce durch ein feines Sieb geben und die restliche Butter unterrühren [→b]. Man kann die Sauce auch noch weiter einkochen lassen, dann wird sie nach dem Erkalten fest. [→c]. Im Kühlschrank kann sie so, gut verschlossen, einige Wochen aufbewahrt werden.

Passt sehr gut zu Steaks, zu Rostbraten und Schnitzel und ist ideal zur Verfeinerung von Rahmsaucen.

Die Variante

Estragon-Senf-Sauce
Für ½ l Sauce in einem Topf 1 TL Butter zerlassen, bis sie aufschäumt. 2 fein gewürfelte Schalotten zugeben und farblos anschwitzen. Mit je 50 ml Rotwein und Madeira ablöschen und auf die Hälfte einkochen. 400 ml Bratensauce, 50 g groben Senf und die fein geschnittenen Blätter von ½ Bund Estragon zugeben. 5 Minuten köcheln lassen. Mit Salz und Pfeffer aus der Mühle würzen. Passt sehr gut zu Kalbsnieren, rosa gebratenem Lammrücken und Braten vom Spanferkel.

VORSICHTIG WÜRZEN Die Bratensauce als Basis für weitere Saucen nur sparsam würzen und beachten, dass sie durch erneutes Erhitzen und Reduzieren dickflüssiger und konzentrierter und damit auch würziger wird.

KALBSFÜSSE Damit die Sauce Konsistenz bekommt und leicht geliert, sind Kalbsfüße, die reich an Bindegewebe sind, ideal. Allerdings sind sie nicht leicht zu bekommen, deshalb lohnt es sich, sie zersägt auf Vorrat einzufrieren.

MORCHELRAHMSAUCE
mit Madeira

DAS KONZENTRIERTE AROMA DER GETROCKNETEN PILZE GIBT DIESER
CREMIGEN SAUCE, DIE BESONDERS GUT ZU KURZGEBRATENEM PASST,
IHREN UNVERWECHSELBAREN GESCHMACK.

Zutaten für ca. ½ l

50 g getrocknete Morcheln

400 ml heller Fond
(siehe Seite 48)

80 g Schalotten

1 EL Butterschmalz

1 EL Butter

100 ml Madeira

100 ml Bratensauce
(siehe Seite 27)

200 g Sahne

1 EL Speisestärke

2 EL Crème fraîche

Salz, Pfeffer aus der Mühle

2 EL geschlagene Sahne

Zeitbedarf
▪ 40 Minuten +
  30 Minuten kochen +
  60 Minuten einweichen

So geht's

1. Die Morcheln 1 Stunde im hellen Fond einweichen [→a].

2. Die Morcheln herausheben und mit einem Messer der Länge nach halbieren [→b]. Die Pilze mit kaltem Wasser abspülen und beiseitestellen. Die Schalotten abziehen und fein würfeln. Den Einweich-Fond leicht erwärmen und durch ein sehr feines Tuch oder am besten durch einen Kaffeefilter geben, um Rückstände zu entfernen. Den Fond beiseitestellen.

3. Das Butterschmalz in einem Topf erhitzen und die Morcheln leicht anbraten. Die Butter und die Schalottenwürfel zugeben und 3 Minuten anschwitzen. Mit dem Madeira ablöschen und auf die Hälfte einkochen lassen. Den Fond angießen und erneut auf die Hälfte einkochen. Die Bratensauce und die Sahne angießen, 10 Minuten bei kleiner Hitze köcheln lassen. Die Morcheln herausheben und beiseitestellen.

4. Die Speisestärke in etwas kaltem Wasser auflösen, in die Sauce rühren und aufkochen lassen. Die Crème fraîche unterrühren, mit Salz und Pfeffer würzen. Die Sauce mit dem Stabmixer sämig aufschlagen, durch ein feines Sieb geben und noch einmal aufkochen lassen. Die Morcheln zugeben [→c] und die geschlagene Sahne unterheben.

Passt besonders gut zu Kalbfleisch, zu Wild und Pasta.

SO SCHMECKT'S AUCH Wenn Sie die Möglichkeit haben, frische Morcheln zu bekommen, nehmen Sie dennoch zur Zubereitung dieser Sauce auch ein paar getrocknete Morcheln. Die frischen Pilze schmecken zwar köstlich, sind aber nicht so aromatisch wie die getrockneten.

DAS IST
wirklich WICHTIG

[a] EINWEICHEN Die Morcheln ca. 1 Stunde im Fond einweichen. Falls dieser geliert ist, erwärmen Sie ihn kurz.

[b] KONTROLLE Die Morcheln mit einem Messer der Länge nach halbieren und prüfen, ob noch Sand in den Pilzen ist. Zur Sicherheit spülen Sie die Pilze unter fließendem kalten Wasser gründlich ab, bevor Sie die Morcheln in die Sauce geben. Und auch das Einweichwasser vor der Verwendung unbedingt, wegen eventueller Sandrückstände, durchfiltern.

[a]

[b]

[c] DIE SAUCE so lange mit dem Mixstab aufschlagen, bis sie sämig ist. Dann erst die Morcheln unterheben.

[c]

RAHMSAUCE
mit Steinpilzen

Zutaten für ca. ½ l

300 g frische Steinpilze

50 g Schalotten

1 Knoblauchzehe

4 Stängel Liebstöckel oder glatte Petersilie

1 EL Schnittlauch

1 EL Butterschmalz

20 g Butter

250 g Sahne

100 ml Bratensauce (siehe Seite 27)

1 EL Crème fraîche

Salz, Pfeffer aus der Mühle

etwas Zitronensaft

1 TL Speisestärke

2 EL geschlagene Sahne

Zeitbedarf
▪ 30 Minuten

So geht's

1. Die Steinpilze putzen und in 2 cm große Stücke schneiden. Die Schalotten abziehen und fein würfeln. Die Knoblauchzehe abziehen und halbieren. Die Kräuter waschen, trocken schütteln und hacken.

2. Das Butterschmalz in einer Pfanne erhitzen und die Steinpilze goldbraun anbraten. Portionsweise braten, damit sie kein Wasser ziehen, sonst nehmen sie keine Farbe. Die Pilze aus der Pfanne nehmen und beiseitestellen.

3. In derselben Pfanne die Butter zerlassen, Schalotten und Knoblauch farblos anschwitzen. Sahne, Bratensaft und Crème fraîche angießen. Mit dem Stabmixer aufschäumen. Die Pilze zugeben und 3 Minuten köcheln lassen. Mit Salz, Pfeffer und etwas Zitronensaft abschmecken.

4. Die Speisestärke in etwas kaltem Wasser auflösen und in die Sauce einrühren. Die Kräuter unterrühren. Die geschlagene Sahne unterheben.

Passt sehr gut zu hellem Fleisch und Geflügel, zu Pasta und Reisgerichten.

RAHMSAUCE
mit Pfifferlingen

Zutaten für ca. ½ l

300 g frische Pfifferlinge

100 g Schalotten

50 g geräucherter Bauchspeck

4 Stängel Petersilie

4 Halme Schnittlauch

250 g Sahne

1 EL Butterschmalz

1 EL Butter

100 ml Bratensauce (siehe Seite 27)

1 EL Crème fraîche

Salz, Pfeffer aus der Mühle

Zitronensaft

1 TL Speisestärke

2 EL geschlagene Sahne

Zeitbedarf
▪ 40 Minuten

So geht's

1. Die Pfifferlinge putzen, je nach Größe halbieren oder vierteln. Die Schalotten abziehen und fein würfeln. Den Bauchspeck fein würfeln. Die Kräuter waschen, trocken schütteln und hacken.

2. Das Butterschmalz in einer Pfanne erhitzen. Die Pfifferlinge portionsweise kurz und kräftig anbraten, damit sie kein Wasser ziehen. Aus der Pfanne nehmen und beiseite stellen.

3. In derselben Pfanne die Butter zerlassen. Die Schalotten und den Bauchspeck farblos anschwitzen. Sahne, Bratensaft und Crème fraîche angießen. Die Sauce mit dem Stabmixer aufschäumen. Die Pilze zugeben und 3 Minuten köcheln lassen, nicht zu lange, sonst werden sie zäh. Mit Salz, Pfeffer und etwas Zitronensaft abschmecken.

4. Die Speisestärke in etwas 'kaltem Wasser auflösen und in die Sauce einrühren. Die Kräuter unterrühren. Die geschlagene Sahne unterheben.

Passt gut zu Pasta, Wild, Geflügel, Kalb, Rind und Schwein.

FRISCHE STEINPILZE Bereiten Sie diese Sauce nur mit frischen Steinpilzen zu, getrocknete sind dafür nur sehr bedingt geeignet.

RAHMSAUCE
mit grünem Pfeffer

Zutaten für ca. ½ l

100 g Schalotten

30 g Butter

30 g grüne Pfefferkörner in der Lake

40 ml Weinbrand (mind. 40 Vol%)

200 ml Bratensauce (siehe Seite 27)

300 g Sahne

1 TL Speisestärke

Saft von ½ Zitrone

Salz, Pfeffer aus der Mühle

1 EL Crème fraîche

2 EL geschlagene Sahne

Zeitbedarf
▪ 25 Minuten

So geht's

1. Die Schalotten abziehen und fein würfeln.

2. Die Butter in einer Pfanne zerlassen, die Schalotten farblos anschwitzen. Die Pfefferkörner aus der Lake nehmen und in einem Sieb mit heißem Wasser abspülen. Gut abtropfen lassen und in die Pfanne geben. Mit dem Weinbrand ablöschen und sofort anzünden. Wenn der Alkohol vollständig verbrannt ist, die Bratensauce und die Sahne angießen. Aufkochen und 5 Minuten bei kleiner Hitze köcheln lassen.

3. Die Sauce mit Zitronensaft, Salz und Pfeffer würzen. Die Speisestärke in etwas kaltem Wasser auflösen und einrühren. Die Sauce durch ein feines Sieb geben. Die Pfefferkörner beiseitestellen.

4. Die Sauce noch einmal aufkochen. Die Crème fraîche und die geschlagene Sahne dazugeben und mit dem Stabmixer aufschäumen. Die Pfefferkörner zugeben und die Sauce sofort servieren.

Passt sehr gut zu Schweinemedaillons, Rindersteaks oder zu Pasta.

COGNACRAHMSAUCE
flambiert

Zutaten für ca. ½ l

100 g Schalotten

30 g Butter

60 ml Cognac (mind. 40 Vol%)

200 ml Bratensauce (siehe Seite 27)

300 g Sahne

100 ml saure Sahne

Saft von ½ Zitrone

Salz, weißer Pfeffer aus der Mühle

1 TL Speisestärke

2 EL geschlagene Sahne

Zeitbedarf
▪ 25 Minuten

So geht's

1. Die Schalotten abziehen und fein würfeln.

2. Die Butter in einer Pfanne zerlassen, die Schalotten farblos anschwitzen. Mit dem Cognac ablöschen und sofort anzünden. Wenn der Alkohol vollständig verbrannt ist, die Bratensauce, die Sahne und die saure Sahne angießen. Aufkochen und 5 Minuten bei kleiner Hitze köcheln lassen.

3. Die Sauce mit Zitronensaft, Salz und Pfeffer würzen. Die Speisestärke in etwas kaltem Wasser auflösen und in die Sauce einrühren. Mit dem Stabmixer pürieren und durch ein feines Sieb geben.

4. Die Sauce noch einmal aufkochen. Die geschlagene Sahne unterheben, mit dem Stabmixer aufschäumen. Die Sauce sofort servieren.

Passt sehr gut zu rosa gebratenem Rinderfilet, zu Rostbraten, Steaks, Schweinefilet oder Wildschwein.

DIE BESTE WÜRZE Geben Sie den Fleischsaft, der sich beim Ruhen des Fleisches bildet, zur Sauce dazu, so wird sie besonders würzig.

[a]

[b]

DAS IST
wirklich
WICHTIG

[a] GRÜNDLICH SÄUBERN Den Trüffel
unter fließendem kaltem Wasser sorgfältig abbürsten, damit kein Schmutz
zurückbleibt.

[b] WÜRFELN Je feiner Sie den Trüffel
schneiden, desto aromatischer wird die
Sauce. Daher die Knolle zuerst in feine
Scheiben, dann in Streifen und schließlich
in kleine Würfel schneiden.

[c] ZIEHEN LASSEN Damit sich das wunderbare Aroma des Trüffels voll
entfalten kann, lassen Sie die Würfel 10 Minuten in der Sauce ziehen.

[c]

TRÜFFELSAUCE
mit Madeira

GANZ BESONDERS EDEL SCHMECKT DIE SAUCE MIT SCHWARZEN
TRÜFFELN AUS DEM PÉRIGORD. PREISGÜNSTIGER, ABER NICHT
SO INTENSIV IM AROMA SIND SOMMERTRÜFFEL.

Zutaten für ca. 400 ml

2 Schalotten

1 TL Butterschmalz

200 g Kalbfleischabschnitte

200 ml Madeira

100 ml roter Portwein

1 l dunkler Kalbsfond
(siehe Seite 24)

1 Trüffelknolle (ca. 20 g)

Salz, Pfeffer aus der Mühle

1 TL Speisestärke

25 g kalte Butter

Zeitbedarf
- 20 Minuten +
  1 ½ Stunden kochen

So geht's

1. Die Schalotten abziehen und fein würfeln.

2. Das Butterschmalz in einem Topf erhitzen. Die Fleischabschnitte darin von allen Seiten nicht zu heiß sorgfältig hellbraun rösten. Die Schalotten zugeben und farblos anschwitzen. Mit Madeira und Portwein ablöschen und den Fond angießen. Die Flüssigkeit zum Kochen bringen und bei kleiner Hitze 1–1 ½ Stunden köcheln lassen. Dabei mehrmals abschäumen.

3. In der Zwischenzeit den Trüffel unter fließendem kaltem Wasser abbürsten [→a]. Dann in Scheiben [→b] schneiden und fein würfeln.

4. Die Sauce mit Salz und Pfeffer würzen. Die Speisestärke in etwas kaltem Wasser auflösen und in die Sauce einrühren. Die Sauce durch ein feines Sieb geben. Die Trüffelwürfel [→c] und die Butter unterrühren. Bei kleiner Hitze 10 Minuten ziehen lassen, damit sich das Trüffelaroma entfalten kann.

Passt gut zu Rinderfilet, zu Wild, zu Wachteln oder Tauben. Man kann die Sauce dafür auch mit Wildabschnitten oder Karkassen von Taube und Wachtel zubereiten.

SCHNELLE TRÜFFELSAUCE Mit einem Bratenfond im Vorrat lässt sich die feine Sauce ganz schnell zubereiten: 300 ml Bratensauce (siehe Seite 27) mit 50 ml Madeira und 20 ml Portwein in einem Topf erhitzen, Trüffelwürfel dazugeben und mit Salz und Pfeffer aus der Mühle würzen. Um die Sauce zu verfeinern, kann man zum Schluss noch 1 EL kalte Butter unterrühren.

EINGELEGTE TRÜFFEL Am besten schmeckt die Sauce natürlich mit frischem Trüffel. Eine Alternative ist guter eingelegter Trüffel aus dem Glas, wobei man hier auch den Trüffelfond mitverwenden kann. Für mehr Aroma die Sauce dann evtl. noch mit etwas schwarzem Trüffelöl verfeinern.

SCHMORSAUCE
vom Rinderbraten

Zutaten für 4 Portionen

1,2 kg Rinderbugblatt (Mittelteil aus der Schulter)

Salz, Pfeffer aus der Mühle

200 g rote Zwiebeln

1 EL Butterschmalz

1 EL Butter

10 Wacholderbeeren

2 Lorbeerblätter

300 ml trockener Rotwein (am besten Spätburgunder)

100 ml roter Portwein

½ l dunkler Kalbsfond (siehe Seite 24)

5 Stiele Petersilie

20 g kalte Butter

Zeitbedarf
▪ 30 Minuten +
  2 Stunden schmoren

So geht's

1. Den Backofen auf 160 °C (Umluft 140 °C) vorheizen. Das Fleisch unter fließendem kaltem Wasser abspülen, mit Küchenpapier trocken tupfen und mit Salz und Pfeffer kräftig würzen. Die Zwiebeln abziehen und fein würfeln.

2. Das Butterschmalz in einem Bräter oder Schmortopf erhitzen. Das Fleisch rundum kräftig anbraten, herausnehmen und beiseitestellen. Die Butter im Bräter zerlaufen lassen, die Zwiebeln, die Wacholderbeeren und die Lorbeerblätter farblos anschwitzen. Den Rotwein, den Portwein und den Fond angießen und zum Kochen bringen. Das Fleisch und die Petersilienstiele zugeben.

3. Den Braten im Backofen ca. 1 ½ bis 2 Stunden schmoren, dabei alle 20 Minuten wenden. Ohne Deckel schmoren, so bekommt der Braten ein besseres Aroma und eine schönere Farbe. Wenn das Fleisch gar ist, den Ofen ausschalten (Garprobe: Das Fleisch ist gar, wenn beim Einstechen mit der Gabel kein roter Saft mehr ausläuft und das Fleisch von der Gabel rutscht). Das Fleisch noch ½ Stunde im geschlossenen Ofen ruhen lassen, dann aus dem Bräter heben und in Alufolie warm stellen.

4. Die Sauce einkochen, bis sie einen kräftigen Geschmack hat. Die Petersilienstiele, die Wacholderbeeren und die Lorbeerblätter herausnehmen. Ist die Sauce noch zu dünnflüssig, etwas Speisestärke in kaltem Wasser auflösen, in die Sauce einrühren und aufkochen lassen. Mit Salz und Pfeffer abschmecken, mit kalten Butterwürfeln verfeinern.

5. Das Fleisch aufschneiden und mit der Sauce servieren.

SO SCHMECKT'S AUCH Anstelle der roten Zwiebeln kann man auch ganze Schalotten oder getrocknete Tomaten und Oliven verwenden. Eine angenehm süßliche Note erhält die Sauce, wenn man getrocknete Aprikosen oder Pflaumen mitgart.

ZWIEBELJUS
mit Rosinen

Zutaten für 4 Portionen

200 g Zwiebeln

2 EL Pinienkerne

4 Stängel glatte Petersilie

2 EL kalte Butter

20 ml Aceto balsamico

30 ml Madeira

½ l dunkler Kalbsfond
(siehe Seite 24)

40 g Rosinen

1 TL Speisestärke

Salz, Pfeffer aus der Mühle

Zeitbedarf
- 30 Minuten

So geht's

1. Die Zwiebeln abziehen und fein würfeln. Die Pinienkerne in einer Pfanne ohne Fett rösten. Die Petersilie waschen, die Blätter abzupfen und fein hacken.

2. 1 EL Butter in einem Topf erhitzen, bis sie aufschäumt. Die Zwiebeln zugeben und goldgelb anschwitzen. Mit dem Essig ablöschen und einkochen, bis die Flüssigkeit vollständig verdampft ist. Den Madeira und den Fond angießen und die Sauce mindestens auf die Hälfte einkochen lassen, bis sie einen kräftigen Geschmack hat. Die Rosinen und die Pinienkerne in die Sauce geben.

3. Die Speisestärke in kaltem Wasser auflösen und in die Sauce einrühren. Mit Salz und Pfeffer würzen, die restliche Butter einrühren und die gehackte Petersilie zugeben.

Passt sehr gut zu gebratener Kalbsleber, zu Rehrücken oder Schweinefilet. Mit eingelegten Sauerkirschen bekommt die Sauce eine fruchtige Note.

PFLAUMENSAUCE
mit Armagnac

Zutaten für 4 Portionen

Saft und Schale von ½ Bio-Orange

50 g Zucker

100 ml Wasser

50 ml Armagnac

20 Dörrpflaumen ohne Stein

250 ml Bratensauce
(siehe Seite 27)

10 g kalte Butter

Salz, Pfeffer aus der Mühle

Zeitbedarf
- 30 Minuten

So geht's

1. Den Backofen auf 120 °C (Umluft 100 °C) vorheizen. Die Orange heiß abwaschen und abtrocknen. Zwei größere Streifen von der Schale abschneiden. Die Orange auspressen.

2. Den Zucker in einem Stieltopf goldgelb karamellisieren, mit Wasser ablöschen und rühren, bis sich der Zucker vollständig aufgelöst hat. Den Armagnac, den Saft und die Schale der Orange sowie die Dörrpflaumen zugeben. 5 Minuten leicht köcheln lassen.

3. Die Pflaumen herausheben und auf ein kleines Backblech geben, so dass sie nebeneinander liegen. Die Pflaumen im Ofen trocknen und dabei mehrmals umdrehen. Sie sind fertig, wenn die Flüssigkeit verdampft ist und sie schön überglänzt sind.

4. Die Bratensauce erhitzen und die Pflaumen in die Sauce geben. Die Butter einrühren und die Sauce mit Salz und Pfeffer würzen.

Passt gut zu Ente, gebratener Gänsestopfleber oder Wild. Geröstete Macadamia-Nüsse oder Mandelstifte geben der Sauce einen knackigen Kick.

LAMMSAUCE
mit Oliven

DIESE AROMATISCHE, ITALIENISCH INSPIRIERTE SAUCE MACHT
LAMMFLEISCH – OB ZARTES FILET, GESCHMORTE SCHULTER ODER
KURZ GEBRATENES KOTELETT – ZU EINEM GAUMENSCHMAUS.

Zutaten für 4 Portionen

200 g Lammabschnitte

12 Knoblauchzehen

8 Schalotten

100 g getrocknete Tomaten
(nicht in Öl eingelegt)

200 ml Milch

2 EL Olivenöl

40 ml Aceto balsamico

250 ml Rotwein

40 ml Madeira

½ l dunkler Kalbsfond
(siehe Seite 24)

100 g schwarze Oliven
(ohne Stein)

Salz, Pfeffer aus der Mühle

evtl. etwas Speisestärke

Zeitbedarf

- 30 Minuten +
  1 Stunde kochen

So geht's

1. Die Lammabschnitte gegebenenfalls in Stücke schneiden. Den Knoblauch und die Schalotten abziehen. Die Tomaten vierteln.

2. Die Milch erhitzen und die Knoblauchzehen 5 Minuten darin kochen [→a], herausheben und beiseitestellen.

3. Das Olivenöl in einem Topf erhitzen. Die Lammabschnitte zugeben und goldgelb anrösten. Den Knoblauch und die Schalotten zugeben, anschwitzen, bis sie Farbe genommen haben, und wieder herausheben. Mit Essig ablöschen und einkochen lassen. Den Rotwein und den Madeira angießen, zum Kochen bringen und auf die Hälfte reduzieren. Den Kalbsfond angießen und ca. 30 Minuten bei kleiner Hitze langsam köcheln lassen. Die Sauce durch ein feines Sieb passieren.

4. Den Knoblauch, die Schalotten, die Oliven [→b] und die Tomaten in die Sauce geben und weitere 20 Minuten köcheln lassen. Mit Salz und Pfeffer würzen. Ist die Sauce zu dünn, mit etwas in kaltem Wasser angerührter Speisestärke binden, kurz aufkochen lassen.

Passt besonders gut zu Lammschulter und Lammfilet.

Die Variante

Chiantisauce

200 g Lammabschnitte in 2 EL Olivenöl in einem Topf goldgelb rösten. 3 fein gewürfelte Schalotten, 1 fein gewürfelte Knoblauchzehe, je 10 Wacholderbeeren und Pfefferkörner und 2 Thymianzweige zugeben und anschwitzen. Mit 250 ml trockenem Rotwein (Chianti) und 50 ml Madeira ablöschen, auf die Hälfte einkochen. ½ l dunklen Kalbsfond angießen und so lange köcheln lassen, bis die Sauce einen kräftigen Geschmack hat. Gegebenenfalls mit etwas in kaltem Wasser aufgelöster Speisestärke binden. Mit Salz und Pfeffer aus der Mühle würzen, durch ein feines Sieb passieren und 1 EL kalte Butter unterrühren. Passt besonders gut zu rosa gebratenem Lammrücken.

SO SCHMECKT'S BESONDERS GUT Schmoren Sie doch mal eine saftige Lammschulter in der Olivensauce. Dafür 1,5 kg Lammschulter auslösen, das Fett entfernen. Das Fleisch mit Salz und Pfeffer würzen, einrollen und mit Küchengarn binden. In einem Bräter in Olivenöl rundum anbraten. In der Sauce (ohne Schalotten, Oliven, Knoblauch und Tomaten) bei 140 °C (Umluft 120 °C) im vorgeheizten Backofen ca. 1 Stunde garen, dabei mehrmals mit der Sauce übergießen. Knoblauch, Schalotten, Tomaten und Oliven zugeben, weitere 30 Minuten garen. Den Ofen ausschalten und das Fleisch 20 Minuten ruhen lassen.

DAS IST *wirklich* WICHTIG

[a] **KNOBLAUCH** Natürlich gehört in eine schmackhafte Lammsauce auch Knoblauch. Um zu vermeiden, dass er zu intensiv schmeckt und unangenehme Gerüche hinterlässt, kochen Sie ihn 5 Minuten in Milch.

[b] **EINKOCHEN** Die Sauce langsam einkochen, bis sie einen kräftigen Geschmack hat. Erst dann die schwarzen Oliven zusammen mit dem Knoblauch und den Schalotten zugeben und weiter köcheln lassen.

[a]

DAS IST *wirklich* WICHTIG

[a] HITZE REDUZIEREN Die Knochen und die Fleischabschnitte goldgelb rösten. Dann die Hitze reduzieren, damit die Kräuter und Gewürze nicht anbrennen. Bei kleiner Hitze 10 Minuten sanft anschwitzen, so entfalten sie ihren Geschmack am besten.

[b] FRUCHTIG Die Sauerkirschen und der Kirschlikör verleihen der Sauce einen wunderbar fruchtigen Geschmack. Sie können für diese Sauce sehr gut Sauerkirschen aus dem Glas verwenden.

[b]

[a]

WILDSAUCE
mit Sauerkirschen

DIESE KRÄFTIGE SAUCE, DIE WUNDERBAR ZU
GEBRATENEM WILDFLEISCH, WIE Z. B. REHMEDAILLONS,
PASST, LÄSST SICH VIELFÄLTIG VARIIEREN.

Zutaten für ca. 400 ml

500 g Wildknochen und -abschnitte

2 Schalotten

2 Rosmarinzweige

2 Thymianzweige

1 EL Butterschmalz

2 Lorbeerblätter

10 Wacholderbeeren

10 Pfefferkörner

250 ml trockener Rotwein

100 ml Madeira

200 ml roter Portwein

½ l dunkler Kalbsfond (siehe Seite 24)

200 g Sauerkirschen

50 ml Kirschlikör

Salz, Pfeffer aus der Mühle

1 TL Speisestärke

1 EL kalte Butter

Zeitbedarf
- 30 Minuten +
  1 ½ Stunden köcheln

So geht's

1. Die Wildknochen und Fleischabschnitte in Stücke hacken. Die Schalotten abziehen und in feine Scheiben schneiden. Die Rosmarin- und Thymianzweige waschen und trocken schütteln.

2. Das Butterschmalz in einem Topf erhitzen. Die Knochen und Abschnitte zugeben und goldgelb rösten. Schalotten, Kräuter, Lorbeerblätter, Wacholderbeeren und Pfefferkörner zugeben und 10 Minuten anschwitzen, bis sie Farbe genommen haben. [→a] Mit Rotwein, Madeira und Portwein ablöschen, mit einer Spatel den Bratensatz lösen. Den Fond angießen, zum Kochen bringen und bei kleiner Hitze 1 ½ Stunden köcheln lassen.

3. Die Sauce durch ein feines Sieb geben und aufkochen. Wenn nötig, etwas einkochen lassen.

4. Die Sauerkirschen [→b] und den Kirschlikör zugeben und die Sauce mit Salz und Pfeffer würzen. Die Speisestärke in etwas kaltem Wasser auflösen, in die Sauce einrühren und aufkochen lassen. Die Sauce mit der kalten Butter verfeinern.

Die Varianten

Quitten-Korinthen-Sauce
50 g Korinthen 15 Minuten in etwas Rotwein einweichen. Zusammen mit 1 EL Quittengelee in ca. 400 ml Wildsauce geben, aufkochen und 15 Minuten köcheln lassen. Mit Salz und Pfeffer aus der Mühle abschmecken.

Preiselbeersauce
In einem Topf 50 g Zucker karamellisieren lassen. Mit je 50 ml schwarzem Johannisbeersaft und Crème de Cassis ablöschen und köcheln lassen, bis sich der Karamell aufgelöst hat. 200 g frische Preiselbeeren zugeben und 3 Minuten köcheln lassen. Die Wildsauce angießen, aufkochen und mit Salz und Pfeffer aus der Mühle würzen.

WILDSAUCE PUR Wenn Sie im Rezept die Sauerkirschen und den Kirschlikör weglassen, erhalten Sie eine pure Wildsauce, die hervorragend zu gebratenen Reh- oder Hirschnüsschen passt.

ALKOHOL Wer möchte, kann einen Teil der Alkoholmenge in diesem Rezept auch gut durch schwarzen Johannisbeersaft ersetzen.

SCHMORSAUCE
vom Hirschgulasch

EIN KRÄFTIGER DUNKLER KALBSFOND IST DIE BESTE VORAUS-
SETZUNG, DAMIT DAS WILDGULASCH BEIM LANGSAMEN SCHMOREN
EIN WUNDERBAR KRÄFTIGES AROMA ENTFALTEN KANN.

Zutaten für 4 Portionen

1 kg ausgelöste Hirschschulter

Salz, Pfeffer aus der Mühle

250 g Zwiebeln

250 g Champignons

4 Stängel Petersilie

2 EL Butterschmalz

1 EL Tomatenmark

250 ml kräftiger Rotwein

300 ml dunkler Kalbsfond
(siehe Seite 24)

150 g Preiselbeeren
(aus dem Glas)

1 Lorbeerblatt

5 g Lebkuchengewürz

5 Pimentkörner

1 EL Crème fraîche

30 g Sahne

Zeitbedarf
▪ 35 Minuten +
  1 ½ Stunden schmoren

So geht's

1. Das Fleisch in 5 cm große Würfel schneiden und mit Salz und Pfeffer würzen. Die Zwiebeln abziehen und würfeln. Die Champignons putzen und vierteln. Die Petersilie waschen, trocken schütteln und fein hacken.

2. In einem Schmortopf 1 EL Butterschmalz erhitzen. Die Fleischwürfel portionsweise rundum kräftig anbraten, herausnehmen und beiseitestellen. Die Zwiebeln im Fett farblos anschwitzen. Das Tomatenmark zugeben, 5 Minuten anschwitzen und mit dem Rotwein ablöschen.

3. Das Fleisch in den Topf geben und so viel Fond angießen, dass das Fleisch bedeckt ist. 50 g Preiselbeeren, Lorbeerblatt, Lebkuchengewürz und Pimentkörner zugeben. Zugedeckt ca. 1 ½ Stunden köcheln lassen. Gegebenenfalls noch Wasser oder Rotwein zugeben. Das Fleisch herausheben und warm stellen.

4. Die Sauce durch ein Sieb geben. 50 g Preiselbeeren zugeben, den Rest getrennt reichen. Die Sauce mit Salz und Pfeffer würzen und das Fleisch zugeben.

5. Die Champignons im restlichen Butterschmalz anbraten. Mit Salz und Pfeffer würzen und über das Gulasch geben. Die Crème fraîche und die Sahne verrühren. Die Hälfte ebenfalls über das Gulasch geben, den Rest getrennt reichen. Vor dem Servieren das Hirschgulasch mit Petersilie bestreuen.

Dazu passen sehr gut Semmelknödel oder Spätzle.

SCHMOREN IM BACKOFEN Man kann das Hirschgulasch auch bei 140 °C (Umluft 120 °C) im Backofen schmoren. Der Topf wird dabei nicht zugedeckt. Der Vorteil: Das Fleisch kann nicht anbrennen und es bekommt eine intensivere Farbe. Der Nachteil: Bei offenem Topf ist der Flüssigkeitsverlust größer, und man muss daher gelegentlich Fond oder Wasser nachgießen.

SCHMORSAUCE
vom Rehbraten

BEIM SCHMOREN EINES GROSSEN STÜCKS BRATEN ERGIBT
SICH DURCH DEN KRÄFTIGEN FOND UND DAS GEMÜSE EINE
WUNDERBAR WÜRZIGE SAUCE FAST NEBENBEI.

Zutaten für 4 Portionen

1 kg ausgelöste Rehkeule oder Rehschulter

Salz, Pfeffer aus der Mühle

100 g Wurzelgemüse

50 g Zwiebeln

1 EL Butterschmalz

je 2 Thymian- und Rosmarinzweige

2 Lorbeerblätter

10 Wacholderbeeren

10 Pfefferkörner

5 Pimentkörner

2 EL kalte Butter

250 ml Rotwein

50 ml roter Portwein

½ l dunkler Kalbsfond (siehe Seite 24)

1 TL Speisestärke

Zeitbedarf
- 30 Minuten +
  1 ½ Stunden schmoren

So geht's

1. Den Backofen auf 130 °C (Umluft 110 °C) vorheizen. Das Fleisch mit Salz und Pfeffer würzen. Das Wurzelgemüse putzen und waschen, die Zwiebeln abziehen. Beides in walnussgroße Stücke schneiden. Die Gewürze in einem Mörser grob zerstoßen.

2. Das Butterschmalz in einem Bräter oder Schmortopf erhitzen. Das Fleisch rundum kräftig anbraten, herausnehmen und beiseitestellen. Das Wurzelgemüse, die Zwiebeln und die Gewürze im Bräter in 1 EL Butter leicht anrösten. Mit dem Rotwein sowie dem Portwein ablöschen und den Fond angießen. Das Fleisch in die Sauce geben, es sollte zur Hälfte bedeckt sein.

3. Im Backofen ca. 1 ½ Stunden schmoren. Dabei mehrmals mit Bratensaft übergießen. Gegebenenfalls etwas Wein oder Wasser nachgießen. Den Braten aus dem Ofen nehmen und vor dem Anschneiden noch 20 Minuten ruhen lassen.

4. Die Sauce durch ein feines Sieb geben. Wenn die Sauce zu dünnflüssig oder der Geschmack nicht kräftig genug ist, noch etwas einkochen. Die Speisestärke in kaltem Wasser auflösen, in die Sauce einrühren, aufkochen lassen, mit Salz und Pfeffer würzen. Die Sauce mit der restlichen Butter verfeinern.

Die Varianten

Preiselbeersauce
Zur fertigen Sauce noch 2 EL eingelegte Preiselbeeren geben.

Pikante Rahmsauce
Zur fertigen Sauce ½ TL mittelscharfen Senf, 1 EL Crème fraîche und 100 g Sahne geben und mit dem Stabmixer aufschäumen. Mit Salz und Pfeffer abschmecken.

Wacholderrahmsauce
20 Wacholderbeeren im Mörser zerstoßen, in 1 TL Butter in einer Pfanne 2 Minuten leicht anrösten und mit 60 ml Gin ablöschen. Die Bratensauce (ca. 200 ml), 200 g Sahne und 1 EL Crème fraîche zugeben und aufkochen lassen. Mit Zitronensaft, Salz und Pfeffer abschmecken. Mit etwas kalt angerührter Speisestärke binden und durch ein feines Sieb geben. Vor dem Servieren die Sauce mit dem Stabmixer aufschäumen.

DAS IST *wirklich* WICHTIG

[a] ORANGENFILETS TROCKNEN Schälen Sie die Orangen sorgfältig, so dass keine weiße Haut zurückbleibt, und schneiden Sie dann die Filets mit einem sehr scharfen Messer zwischen den Trennwänden heraus. Mit Puderzucker bestäubt und im Backofen getrocknet, schmecken die Orangenfilets nicht so sauer und zerfallen auch nicht so leicht.

[b] GEWÜRZE Zu den goldgelb gerösteten Knochen und Fleischabschnitten die Gewürze und die Schalotten geben. Die Hitze reduzieren, damit sie nicht anbrennen. Dann die Flüssigkeit angießen und langsam köcheln lassen.

[c] SIRUPARTIG EINKOCHEN Für den Geschmack der Sauce ist es wichtig, dass der Orangensaft stark eingekocht wird, bis er sirupartig ist.

[a]

[b]

DICK WIE SIRUP EINKOCHEN SOLL DER SAFT.

[c]

ENTENSAUCE
mit Orangen

DIE ZUBEREITUNG IST ZWAR MIT ETWAS ZEITAUFWAND VERBUNDEN, ABER DER HARMONISCH-WÜRZIGE GESCHMACK DER SAUCE WIRD SIE FÜR DIE MÜHE ENTSCHÄDIGEN.

Zutaten für 4 Portionen

2 große Bio-Orangen

2 EL Puderzucker

250 g Entenknochen und -abschnitte

2 Schalotten

10 Wacholderbeeren

1 EL Öl

1 Lorbeerblatt

10 schwarze Pfefferkörner

1 Rosmarinzweig

100 ml roter Portwein

je 50 ml Rotwein und Madeira

400 ml dunkler Kalbsfond (siehe Seite 24)

100 ml Orangensaft

1 EL grüne Pfefferkörner

40 ml Orangenlikör

Salz, Pfeffer aus der Mühle

1 TL Speisestärke

1 EL Butter

Zeitbedarf

- 60 Minuten +
  60 Minuten trocknen +
  30 Minuten ziehen

So geht's

1. Den Backofen auf 130 °C (Umluft 110 °C) vorheizen. Die Orangen schälen und filetieren. Ein Backblech mit Backpapier auslegen. Die Filets daraufgeben, mit Puderzucker bestäuben [→a] und 1 Stunde im Ofen trocknen.

2. Die Entenknochen und Fleischabschnitte klein hacken. Die Schalotten abziehen und in feine Scheiben schneiden. Die Wacholderbeeren leicht andrücken.

3. Das Öl in einem Topf erhitzen, Knochen und Abschnitte zugeben und goldgelb rösten. Schalotten, Wacholderbeeren, Lorbeerblatt, schwarze Pfefferkörner und Rosmarinzweig zugeben und anschwitzen [→b], bis sie Farbe genommen haben. Mit Portwein, Rotwein und Madeira ablöschen und auf die Hälfte einkochen. Den Fond angießen, aufkochen und mindestens ½ Stunde ziehen lassen. Ist die Sauce noch nicht kräftig genug, gegebenenfalls noch etwas einkochen lassen. Die Sauce durch ein feines Sieb passieren und beiseitestellen.

4. Den Orangensaft in einem Topf einkochen, bis er sirupartig ist [→c]. 300 ml Entensauce, die grünen Pfefferkörner und den Orangenlikör zugeben und mit Salz und Pfeffer würzen.

5. Falls die Sauce zu dünnflüssig ist, die Speisestärke in kaltem Wasser auflösen, in die Sauce einrühren und aufkochen lassen. Die Butter unterrühren und kurz vor dem Servieren die Orangenfilets zugeben.

Die Varianten

Entensauce pur
Lässt man Orangensaft, Orangenfilets, die grünen Pfefferkörner und den Orangenlikör weg, erhält man eine pure Entensauce, die hervorragend zu rosa gebratener Entenbrust, zu knuspriger Bauernente oder auch zu Wildente passt.

Brombeersauce
Am Vortag 120 g Brombeeren einlegen. Dazu in einem Topf 1 EL Zucker karamellisieren, mit 1 EL Aceto balsamico ablöschen und die Flüssigkeit verdampfen lassen. Die Brombeeren und 40 ml Brombeerlikör oder Crème de Cassis zugeben, kurz aufkochen, vom Herd nehmen und über Nacht durchziehen lassen. 300 ml Entensauce erhitzen, die Brombeeren und die Flüssigkeit zugeben, mit Salz und Pfeffer würzen und 1 EL Butter unterrühren. Sie können die Brombeeren auch durch Heidelbeeren oder Cranberrys ersetzen.

DUNKLE SAUCEN
Ideal für Kurzgebratenes

HAT MAN EINEN FOND ZUR VERFÜGUNG, IST ES GANZ EINFACH, FÜR EIN STEAK ODER ANDERES KURZ GEBRATENES FLEISCH EINE GESCHMACKSINTENSIVE SAUCE ZU BEREITEN: EINFACH DEN BRATENSATZ MIT GRUNDFOND UND ET- WAS ALKOHOL ABLÖSCHEN, EINKOCHEN LASSEN UND ABSCHMECKEN. DOCH AUCH OHNE GRUNDFOND LÄSST SICH SCHNELL EINE KLEINE SAUCE ZAUBERN.

SCHNELLE BRATENSAUCE

Das Prinzip ist einfach: Man brät das Fleisch in einer Pfanne kräftig an, stellt es warm, bräunt im verbliebenen Fett Zwiebeln oder Schalotten, löscht mit einer Flüssigkeit ab und lässt das Ganze bis zur gewünschten Konsistenz einreduzieren. Als Flüssigkeiten bieten sich Wein, Portwein, Wermut, Sherry, Calvados oder Cognac an. Rotwein oder roter Portwein bringen neben dem feinen Geschmack auch noch Farbe in die Sauce. Wichtig ist, dass nach dem Ablöschen der Bratensatz vom Pfannenboden gründlich abgeschabt wird, denn er ist die ideale Grundlage für eine schnelle Sauce. Hier sind die aromatischen Röststoffe konzentriert, die den typischen Geschmack bringen. Frische Kräuter oder etwas Senf geben zusätzlich Aroma. Für leichte Bindung sorgen etwas Speisestärke, in kaltem Wasser angerührt, oder – eine etwas üppigere Variante – kalte Butterflocken oder etwas Sahne.

HIMBEERSAUCE

Das Fleisch anbraten, herausnehmen und im Ofen warm stellen oder gar ziehen lassen. Im Bratensatz 1 durchgepresste Knoblauchzehe, 1 EL Tomatenpüree, 4 EL Himbeer- oder Rotweinessig und 125 ml Rotwein aufkochen lassen und auf die Hälfte reduzieren. Mit Salz und Pfeffer abschmecken, 1 EL Himbeergelee unterrühren. Die Sauce mit 1–2 EL kalter Butter binden. Evtl. zum Schluss 2 EL Himbeeren (frisch oder tiefgekühlt) dazugeben.
Passt besonders gut zu Entenbrust.

ROTWEIN-PORTWEIN-SAUCE

Das Fleisch in Butterschmalz braten, herausnehmen und warm stellen. Im Bratensatz 100 g feingewürfelte Schalotten und 1 gehackte Knoblauchzehe anschwitzen. Mit je 100 ml Rotwein und rotem Portwein ablöschen und einkochen lassen. 1 EL Crema di Balsamico zugeben und mit 1 EL eiskalter Butter binden. Die Sauce mit Salz und Pfeffer abschmecken.
Passt gut zu Steaks, Rostbraten, Lammfilet oder Schweinefilet.

ZWIEBELSAUCE

4 Zwiebeln abziehen und in feine Streifen schneiden. In 2 EL Butter anschwitzen und hellgelb dünsten. 3 TL Senf, 200 ml Brühe und 100 ml Sahne dazugeben und sämig einkochen lassen. Mit Salz und Pfeffer würzen. Die Sauce durch ein Sieb passieren und vor der Verwendung mit dem Mixstab aufschäumen.
Passt zu Rind- und Schweinefleisch, schmeckt aber auch zu gebratenem Fisch.

ROTWEINSAUCE

Das Fleisch anbraten, herausnehmen und warm stellen. Den Bratensatz mit 100 ml kräftigem Rotwein ablöschen, etwas einkochen lassen, mit Salz und Pfeffer abschmecken und mit 1–2 EL kalter Butter binden.
Passt besonders gut zu Rinderfilet.

SÜSS-SAURE SAUCE

Fleisch in einer Pfanne anbraten, herausnehmen und warm stellen. 1 EL Zucker in der Pfanne karamellisieren. 1 Stange klein geschnittenes Zitronengras, 1 EL gehackten Ingwer, 50 g Zwiebelwürfelchen und eine halbierte Knoblauchzehe dazugeben und anschwitzen. 30 ml Austernsauce, 10 ml Sojasauce, 50 ml Sweet Chilisauce und 250 ml Brühe dazugeben. Die Sauce 10 Minuten leicht köcheln lassen. Mit etwas Ketchup, Salz, Pfeffer und Sambal Oelek zur gewünschten Schärfe abschmecken. 1 TL Speisestärke mit etwas kaltem Wasser anrühren und die Sauce leicht damit binden. Die Sauce durch ein feines Sieb passieren.
Fleisch und evtl. Gemüse oder auch Pastagerichte in der Sauce anschwenken.

HELLE SAUCEN
leicht & cremig

MIT MILCH ODER FOND AUFGEGOSSEN, LASSEN SIE SICH MIT KRÄUTERN, SENF, KÄSE UND ANDEREN ZUTATEN GESCHMACKLICH VARIIEREN UND PASSEN BESONDERS GUT ZU HELLEM FLEISCH, GEFLÜGEL, FISCH UND GEMÜSE.

HELLER FOND
sanft gekocht

DIESER GRUNDFOND BRAUCHT ZWAR ETWAS ZEIT, IST ABER
EINFACH ZUZUBEREITEN UND DIE IDEALE GRUNDLAGE FÜR
DIE VERSCHIEDENSTEN HELLEN SAUCENVARIATIONEN.

Zutaten für ca. 5 l

400 g Lauch
(nur die weißen Teile)

150 g Karotten

150 g Knollensellerie

100 g Petersilienstiele

2 Knoblauchzehen

2 kg Kalbsknochen (vom Metzger in ca. 4 cm große Stücke gehackt)

1 Suppenhuhn (mind. 2 kg)

7 l Wasser

1 Lorbeerblatt

1 Thymianzweig

¼ l Weißwein

ca. 20 g Salz

Zeitbedarf
- 20 Minuten +
  4 Stunden kochen

So geht's

1. Das Gemüse schälen bzw. putzen und in ca. 2 cm lange Stücke schneiden. Die Petersilie waschen, trocken schütteln, die Blätter abzupfen und anderweitig verwenden. Den Knoblauch abziehen.

2. In einem großen Topf Kalbsknochen und Suppenhuhn nacheinander 1 Minute in kochendem Wasser blanchieren, [→a] herausheben und unter kaltem Wasser abspülen.

3. Die Kalbsknochen und das Suppenhuhn mit dem kalten Wasser und etwas Salz in einen großen Topf geben, der alle Zutaten fasst, langsam zum Kochen bringen und abschäumen [→b]. Den Fond 2 ½ Stunden bei kleiner Hitze langsam köcheln lassen. Dabei immer wieder umrühren und abschäumen.

4. Das Gemüse, das Lorbeerblatt, den Thymianzweig, die Petersilienstiele, Weißwein und Salz zugeben [→c] und weitere 1 ½ Stunden köcheln lassen.

5. Den Fond durch ein feines Sieb oder ein Passiertuch geben. Erkalten lassen und danach entfetten. Portionsweise auf Vorrat einfrieren, der Fond hält sich bis zu 6 Monaten.

HELLER KALBSFOND Für diese Variante des hellen Grundfonds verwendet man 3 kg Kalbsknochen mit Fleisch, jedoch kein Suppenhuhn. Die übrigen Zutaten und die Zubereitung bleiben unverändert.

GEFLÜGELFOND Diesen Fond bereitet man aus 1 Suppenhuhn und 1 kg Geflügelklein zu, jedoch ohne Kalbsknochen. Die übrigen Zutaten und die Zubereitung bleiben unverändert.

DIE KNOCHEN BLANCHIEREN, DANN WIRD DER FOND KLARER.

DAS IST *wirklich* WICHTIG

[a] BLANCHIEREN Wenn Sie Kalbsknochen und Suppenhuhn blanchieren, entfernen Sie damit Schmutz- und Trübstoffe, der Fond wird klarer, und Sie müssen ihn während des Kochens nicht so häufig abschäumen.

[b] ABSCHÄUMEN Entfernen Sie zwischendurch immer wieder mit einem Schaumlöffel den Schaum, der sich an der Oberfläche bildet. So werden die Trübstoffe, die das Eiweiß bindet, entfernt, und der Fond wird später klar.

[c] SALZEN Gemüse und Salz zugeben. Damit Sie das Huhn später verwenden können, sollten Sie das Wasser schon anfangs leicht salzen. Sonst schmeckt das Hühnerfleisch nicht.

[a]

[b]

[c]

49

BRENNNESSELSAUCE
mit Spinat

Zutaten für ca. 500 ml

250 g zarte Brennnesselblätter

100 g junger Blattspinat

1 Kartoffel

1 Petersilienwurzel

1 Zwiebel

450 ml heller Fond
(siehe Seite 48) oder
Gemüsebrühe

etwas Salz

20 g Butter

100 g Sahne

Salz, weißer Pfeffer aus der
Mühle

1 Msp. frisch geriebene
Muskatnuss

Zeitbedarf
▪ 35 Minuten

So geht's

1. Die Brennnesselblätter und
den Spinat waschen. Die
Brennnesseln dabei mit Hand-
schuhen anfassen, sobald sie
mit Wasser in Berührung
kommen, verlieren sie ihre
unangenehme Eigenschaft,
die Haut zu reizen. Die Kartoffel und die Petersilienwurzel
schälen und klein schneiden.
Die Zwiebel abziehen und fein
würfeln.

2. ⅔ der Brennnesselblätter mit
dem Spinat, der Petersilienwurzel und der Kartoffel in
einen Topf geben, den Fond
angießen, etwas Salz zufügen
und bei kleiner Hitze 20 Minuten köcheln lassen.

3. Die Butter in einer Pfanne
zerlassen, die Zwiebelwürfel
farblos anschwitzen und in die
Sauce geben. Kurz vor Ende
der Garzeit die restlichen
Brennnesselblätter zufügen
und die Sauce pürieren.

4. Die Sahne unterrühren und
die Sauce mit Salz, Pfeffer und
Muskatnuss abschmecken.

Schmeckt besonders gut mit
den ersten frischen Pflänzchen
und passt zu Pasta- und Reisgerichten, zu Geflügel, Hähnchenbrust und Kaninchen.

WEISSWEINSAUCE
mit Petersilienwurzeln

Zutaten für 4 Portionen

150 g Petersilienwurzeln

25 g Butter

40 ml Noilly Prat

120 ml trockener Weißwein

½ l heller Kalbs- oder Geflügelfond (siehe Seite 48)

50 g Sahne

50 g Crème fraîche

Salz, Pfeffer aus der Mühle

1 Prise Zucker

2 EL geschlagene Sahne

Zeitbedarf
▪ 30 Minuten

So geht's

1. Die Petersilienwurzeln schälen und klein schneiden.

2. Die Butter in einer Pfanne
zerlassen, bis sie aufschäumt.
Die Petersilienwurzeln zugeben und farblos anschwitzen.
Mit dem Noilly Prat ablöschen,
den Weißwein und den Fond
angießen und so lange kö-
cheln lassen, bis die Petersilienwurzeln weich sind. Die
Sahne und die Crème fraîche
zugeben.

3. Die Sauce mit dem Stabmixer
sämig pürieren, mit Salz, Pfeffer und einer Prise Zucker
würzen und durch ein feines
Sieb passieren.

4. Vor dem Servieren die Sauce
aufkochen, die geschlagene
Sahne unterheben und mit
dem Stabmixer aufschäumen.

Passt sehr gut zu Kalbfleisch,
Hähnchen, Reis, Jakobsmu-
scheln oder Perlhuhn.

INTENSIVER IM GESCHMACK wird die Sauce, wenn Sie einige Petersilienblätter knusprig frittieren und als Garnitur zur Sauce geben.

KAPERNSAUCE
fein würzig

Zutaten für 4 Portionen

20 g Zwiebeln

30 g Butter

30 g Mehl

½ l heller Fond (siehe Seite 48)

50 ml trockener Weißwein

1 Lorbeerblatt

125 g Sahne

1 EL Crème fraîche

3 EL Kapern (aus dem Glas, mit Flüssigkeit)

Salz, weißer Pfeffer aus der Mühle

etwas Zitronensaft

etwas Tabasco

Zeitbedarf
▪ 20 Minuten

So geht's

1. Die Zwiebel abziehen und fein würfeln.

2. Die Butter in einer Pfanne zerlassen, bis sie aufschäumt. Die Zwiebelwürfel und das Lorbeerblatt zugeben und farblos anschwitzen. Das Mehl zugeben und unterrühren. Den Fond und den Wein angießen und etwas köcheln lassen. Darauf achten, dass die Sauce nicht anbrennt.

3. Das Lorbeerblatt herausnehmen, die Sahne, die Crème fraîche sowie die Flüssigkeit der Kapern zugeben und die Sauce mit dem Stabmixer pürieren.

4. Die Sauce durch ein Sieb passieren, die Kapern zufügen, mit Salz, Pfeffer sowie ein paar Tropfen Zitronensaft und Tabasco würzen.

Traditionell werden Königsberger Klopse mit Kapernsauce serviert. Diese passt aber auch gut zu gekochtem Fleisch oder zu pochiertem Fischfilet.

RICOTTASAUCE
mit Basilikum

Zutaten für 4 Portionen

20 Basilikumblätter und einige Stiele

½ l heller Fond (siehe Seite 48)

40 ml Noilly Prat

100 g Ricotta

50 g Sahne

Salz, weißer Pfeffer aus der Mühle

etwas Zitronensaft

etwas Tabasco

30 ml trockener Sekt

1 EL geschlagene Sahne

Zeitbedarf
▪ 20 Minuten

So geht's

1. Die Basilikumblätter waschen, trocken tupfen und in sehr feine Streifen schneiden.

2. Den Fond und den Noilly Prat mit den Basilikumstielen in einem Topf zum Kochen bringen und auf ⅓ einkochen. Den Ricotta und die Sahne zugeben und mit Salz und Pfeffer sowie ein paar Tropfen Zitronensaft und Tabasco würzen.

3. Den Sekt zugeben, die geschlagene Sahne unterheben und die Sauce mit dem Stabmixer aufschäumen.

4. Unmittelbar vor dem Servieren das Basilikum unterrühren. Gibt man es vorher in die heiße Sauce, wird es grau.

Passt sehr gut zu Gnocchi oder Pasta, zu gebratenem und pochiertem weißem Fisch.

SO SCHMECKT'S AUCH Der fertigen Sauce mit den Kapern noch 1 EL Schnittlauch und 2 fein gewürfelte Sardellenfilets zufügen.

DAS IST *wirklich* WICHTIG

[a] RÜHREN Wenn Sie die Zwiebeln, die der Sauce Fülle und Geschmack geben, mit dem Mehl bestäuben, müssen Sie ständig rühren, damit das Mehl nicht anbrennt. Die Zwiebel-Mehl-Mischung darf keine Farbe nehmen.

[b] KALT Die Milch, die Sie nach und nach unter ständigem Rühren mit einem Schneebesen angießen, muss auf jeden Fall kalt sein, sonst gibt es Klümpchen. Lassen Sie die Sauce mindestens 15 Minuten köcheln, damit der Mehlgeschmack verschwindet.

[c] PASSIEREN In der Sauce sollen keine festen Bestandteile zurückbleiben, passieren Sie sie deshalb durch ein Spitzsieb oder ein anderes feines Sieb.

[a]

[c]

[b]

NUR KALTE MILCH ANGIESSEN, SONST WIRD DIE SAUCE KLUMPIG!

BÉCHAMELSAUCE

cremig gerührt

DIESER KLASSIKER DER FRANZÖSISCHEN KÜCHE IST
DIE BASIS FÜR AUFLÄUFE UND GRATINS UND EINE GRUND-
SAUCE, DIE VIELFÄLTIG VERFEINERT WERDEN KANN.

Zutaten für ca. 500 ml

40 g Zwiebeln

30 g Butter

30 g Mehl

300 ml Milch

300 ml heller Fond oder
Gemüsefond (siehe Seite 48, 90)

½ Lorbeerblatt

Salz, weißer Pfeffer aus der
Mühle

1 Msp. frisch geriebene
Muskatnuss

1 EL geschlagene Sahne

Zeitbedarf
■ 15 Minuten +
  15 Minuten kochen

So geht's

1. Die Zwiebeln abziehen und in feine Würfel schneiden.

2. Die Butter in einem Topf zerlassen, bis sie aufschäumt. Die Zwiebeln zugeben und farblos anschwitzen. Mit dem Mehl bestäuben
und unter ständigem Rühren mit anschwitzen [→a]. Die kalte
Milch und den Fond unter ständigem Rühren nach und nach angießen. Mit dem Schneebesen glatt rühren [→b], das Lorbeerblatt
zugeben.

3. Die Sauce 15 Minuten bei kleiner Hitze köcheln lassen. Dabei immer wieder umrühren und darauf achten, dass die Sauce nicht
anbrennt.

4. Die Sauce mit Salz und Pfeffer sowie Muskatnuss würzen, durch
ein feines Sieb passieren [→c] und die geschlagene Sahne unterheben.

Die Varianten

Velouté
Für diese weiße Sauce wird
die Mehlschwitze mit kaltem
hellem Fond aufgegossen.
20 g Butter zerlassen,
20 g Mehl darin anschwitzen
und 500 ml Fond zugießen,
glatt rühren und ca. 15 Minuten köcheln lassen.
250 g Sahne zugeben und
ca. 5 Minuten bei kleiner
Hitze köcheln lassen. Zum
Schluss 1 EL Crème fraîche
unterrühren.

Meerrettichsauce
500 ml Béchamelsauce er-
hitzen. 3 EL Meerrettich aus
dem Glas zugeben. Mit Salz
und weißem Pfeffer aus der
Mühle sowie dem Saft von
½ Zitrone und ein paar Spritzern Tabasco würzen.
2 EL geschlagene Sahne unterheben, die Sauce mit dem
Stabmixer aufschäumen.
Passt zu gekochtem Rind-
fleisch, pochiertem Fisch,
Kartoffel-Gemüse-Ragout.

DIE KLASSISCHE BÉCHAMELSAUCE wird nur mit Milch aufgegossen. Ich verwende aber meist eine Mischung aus
Milch und Fond. Zum Gratinieren von Gemüse oder Teigwaren nehme ich allerdings auch nur Milch und lasse zusätzlich 30–50 g geriebenen Käse zum Schluss in der heißen Sauce schmelzen. Danach die Sauce aber nicht mehr
aufkochen lassen.

VERFEINERN Die Bechamelsauce lässt sich auch gut mit gehackten Kräuter wie z. B. Petersilie, Kerbel, Basilikum,
Liebstöckel verfeinern, die man kurz vor dem Servieren in die Sauce gibt. Mit ein paar Tropfen Zitronensaft würzen und noch einmal mit dem Stabmixer aufschäumen.

GORGONZOLASAUCE
kräftig-aromatisch

Zutaten für ca. 500 ml

200 g kräftiger Gorgonzola

300 ml Béchamelsauce
(siehe Seite 53)

100 ml Geflügelfond
(siehe Seite 48)

50 ml trockener Weißwein

Salz, weißer Pfeffer aus
der Mühle

etwas Zitronensaft

etwas Tabasco

1 EL geschlagene Sahne

Für die Einlage

wahlweise:

½ Bund Kerbel

2 Frühlingszwiebeln

100 g Kochschinken

100 g Walnüsse

Zeitbedarf
- 35 Minuten

So geht's

1. Die Rinde des Gorgonzola abschneiden und den Käse klein würfeln.

2. Die Béchamelsauce nach Rezept (siehe Seite 53) zubereiten. Die Sauce in einem Topf bei kleiner Hitze erwärmen und den gewürfelten Käse zugeben. Dabei immer wieder umrühren und darauf achten, dass die Sauce nicht anbrennt. Den Geflügelfond und den Weißwein angießen. Mit Salz und Pfeffer sowie ein paar Tropfen Zitronensaft und Tabasco würzen.

3. Die geschlagene Sahne unterheben und die Sauce mit dem Stabmixer aufschäumen.

4. Für die Einlage den Kerbel waschen, trocken schütteln und fein hacken. Die Frühlingszwiebeln putzen und fein schneiden. Den Kochschinken fein würfeln. Die Walnüsse grob hacken. Die gewünschte Einlage – oder auch mehrere zusammen – in die heiße Sauce geben und 2 Minuten ziehen lassen.

Passt besonders gut zu Schweinefilet, zu Pasta oder zu Schwarzwurzeln.

DIE EINLAGEN Um den Geschmack zu intensivieren, schwitzen Sie die Einlagen in Butter farblos an und geben Sie sie dann zur Sauce. Den Kerbel jedoch nicht anschwitzen, da er sonst grau und unansehnlich wird. Die Einlagen lassen sich auch miteinander kombinieren. Alle zusammen passen sie z. B. sehr gut zu Pasta.

ROQUEFORTSAUCE Für eine besonders kräftige Sauce kann man statt des milderen Gorgonzola auch Roquefort verwenden.

ESTRAGONSAUCE
mit Senf

Zutaten für ca. 500 ml

1 Bund Estragon

500 ml Béchamelsauce (siehe Seite 53)

50 g grober Senf (am besten Pommery-Senf)

50 ml Noilly Prat

Salz, weißer Pfeffer aus der Mühle

etwas Zitronensaft

etwas Tabasco

2 EL geschlagene Sahne

Zeitbedarf
▪ 30 Minuten

So geht's

1. Den Estragon waschen, trocken schütteln, die Blätter abzupfen und fein schneiden.

2. Die Béchamelsauce nach Rezept zubereiten (siehe Seite 53). Die Sauce on einem Topf zum Kochen bringen, den Senf und den Noilly Prat zugeben und verrühren.

3. Die Sauce mit Salz und Pfeffer sowie ein paar Tropfen Zitronensaft und Tabasco würzen. Vor dem Servieren die geschlagene Sahne und den Estragon unterheben und die Sauce mit dem Stabmixer aufschäumen.

Passt sehr gut zu pochierter Poulardenbrust oder auch zu gebratenem Kabeljaufilet. Das Aroma der Sauce lässt sich verfeinern, wenn Sie ein wenig von dem Pochierfond oder dem Bratensaft zugeben.

BÄRLAUCHSAUCE
cremig würzig

Zutaten für ca. 500 ml

1 Bund Bärlauch (ca. 100 g)

40 g Zwiebeln

1 Knoblauchzehe

500 ml Béchamelsauce (siehe Seite 53)

20 g Butter

50 ml trockener Weißwein

Salz, weißer Pfeffer aus der Mühle

1 Msp. frisch geriebene Muskatnuss

etwas Zitronensaft

2 EL geschlagene Sahne

Zeitbedarf
▪ 40 Minuten

So geht's

1. Bärlauchblätter in kochendem Wasser 30 Sekunden blanchieren, in Eiswasser abschrecken, abtropfen lassen und klein schneiden. Die Zwiebeln abziehen und fein würfeln. Den Knoblauch abziehen und halbieren.

2. Die Béchamelsauce nach Rezept (siehe Seite 53) zubereiten. In einer Schüssel 100 ml Béchamelsauce und den Bärlauch mit dem Stabmixer pürieren, durch ein Sieb streichen und beiseitestellen.

3. Die Butter in einem Topf zerlassen, Zwiebelwürfel und Knoblauch farblos anschwitzen. Mit Weißwein ablöschen, die restliche Béchamelsauce angießen. Die Sauce erhitzen, dabei umrühren, damit sie nicht anbrennt. Mit Salz, Pfeffer, Muskatnuss und Zitronensaft abschmecken.

4. Den Knoblauch entfernen. Das Bärlauchpüree zugeben und die Sahne unterheben. Die Sauce mit dem Stabmixer aufschäumen und sofort servieren, sonst verliert sie ihre schöne grüne Farbe.

Passt zu Lamm, Kaninchen, Zicklein, Schweinefleisch, Pasta, Artischocken.

INTENSIVER GESCHMACK Wenn Sie die Estragonstiele in der Béchamelsauce mitkochen, bekommt die Sauce einen intensiveren Estragongeschmack.

[a]

[b]

DAS IST *wirklich* WICHTIG

[a]SCHNEIDEN Je feiner Sie die Kräuter schneiden, desto besser können sie ihr Aroma und ihren Geschmack entfalten.

[b] PÜRIEREN Den von den groben Stielen befreiten und kurz blanchierten Spinat mit dem Sauerrahm in einer Schüssel pürieren. Der Spinat gibt der Sauce die schöne grüne Farbe.

[c] KRÄUTER Geben Sie die fein geschnittenen Kräuter erst kurz vor dem Servieren in die Sauce. Wenn sie länger mit der Säure des Sauerrahms und der Zitrone in Berührung sind, werden sie grau und die Sauce wird unansehnlich.

[c]

GRÜNE SAUCE
nach Frankfurter Art

IMMER DABEI SIND BEI DIESER SAUCE PETERSILIE, SCHNITTLAUCH, KERBEL UND DILL, WAHLWEISE UND NACH SAISON ESTRAGON, PIMPINELLE, LIEBSTÖCKEL, SAUERAMPFER UND ZITRONENMELISSE.

Zutaten für ca. 600 ml

100 g Spinatblätter

1 Bund Kräuter für Frankfurter grüne Sauce

100 g Sauerrahm

500 ml Béchamelsauce (siehe Seite 53)

Salz, Pfeffer aus der Mühle

etwas Zitronensaft

etwas Tabasco

2 EL geschlagene Sahne

Zeitbedarf
▪ 35 Minuten

So geht's

1. Die groben Stiele der Spinatblätter entfernen, die Blätter in kochendem Wasser 1 Minute blanchieren, in Eiswasser abschrecken und abtropfen lassen. Die Kräuter abspülen, die Blätter abzupfen und fein hacken [→a].

2. Die Spinatblätter und den Sauerrahm in eine Schüssel geben und mit dem Stabmixer pürieren [→b].

3. Die Béchamelsauce nach Rezept (siehe Seite 53) zubereiten. Die Sauce in einem Topf erhitzen. Die Spinat-Sauerrahm-Mischung und die Kräuter zugeben [→c] und mit Salz und Pfeffer sowie ein paar Tropfen Zitronensaft und Tabasco würzen.

4. Die geschlagene Sahne unterheben und die Sauce schnell servieren, damit die Kräuter nicht grau werden.

Passt sehr gut zu gekochtem Fleisch, zu pochiertem Fisch und zu Gemüsegerichten wie z. B. Spargel oder Kohlrabi.

Die Varianten

1 Bund Schnittlauch waschen, trocken schütteln und in feine Röllchen schneiden. 500 ml Béchamelsauce erhitzen und 40 ml Noilly Prat sowie 2 EL Sahne zugeben. Mit Salz und weißem Pfeffer aus der Mühle sowie ein paar Spritzern Zitronensaft würzen. Den Schnittlauch unterrühren und die Sauce sofort servieren.
Statt des Schnittlauchs lassen sich z. B. auch mit Petersilie, Kerbel, Basilikum, Koriander oder Liebstöckel Varianten der Frankfurter grünen Sauce zubereiten. Kräuter mit harten Blättern wie etwa Rosmarin eignen sich dafür allerdings nicht.

SO SCHMECKT'S AUCH Mit ca. 30 g gerösteten Pinienkernen und 2 in kleine Würfeln geschnittenen Tomaten als Einlage schmeckt die Sauce sehr gut zu Pasta.

MARONENSAUCE
cremig aufgeschlagen

EINE FEINE SAHNESAUCE MIT GANZ BESONDEREM
GESCHMACK UND AROMA, DIE EIN VORZÜGLICHER BEGLEITER
FÜR EDLE FLEISCH- UND AUCH WILDGERICHTE IST.

Zutaten für 6 Portionen

400 g ungeschälte Maronen

2 Schalotten

1 Knoblauchzehe

50 g Butter

400 ml Geflügelfond
(siehe Seite 48) oder
Gemüsefond (siehe Seite 90)

100 g Sahne

Salz, Pfeffer aus der Mühle

1 Prise Zucker

1 Msp. frisch geriebene
Muskatnuss

2 EL geschlagene Sahne

Zeitbedarf
- 20 Minuten +
  40 Minuten garen

So geht's

1. Die Maronen kreuzweise an der Oberseite einritzen und in einer Edelstahlpfanne zugedeckt garen, bis die Schale aufplatzt [→a]. Abkühlen lassen, schälen und die Haut mit einem Tuch abreiben. Die Maronen grob zerstoßen. Die Schalotten und die Knoblauchzehe abziehen und würfeln.

2. Die Butter in einer Pfanne zerlassen, bis sie aufschäumt. Die Schalotten und den Knoblauch zugeben und farblos anschwitzen. Die Maronen zugeben und kurz mitschwitzen. Den Geflügelfond und die Sahne angießen [→b] und ca. 20 Minuten bei kleiner Hitze köcheln lassen.

3. Einen Teil der Maronen für die Einlage herausnehmen. Die Sauce pürieren [→c] und mit Salz und Pfeffer sowie Zucker und Muskat würzen.

4. Vor dem Servieren die geschlagene Sahne unterrühren und die Sauce mit dem Stabmixer aufschäumen. Die Maronen wieder in die Sauce geben.

Passt gut zu Wachtelbrüstchen und Rehrücken, zu Fasan und Wildschwein und auch zur Weihnachtsgans – in Kombination mit der Bratensauce.

SO SCHMECKT'S AUCH Natürlich können Sie die Sauce auch mit bereits vorgekochten und geschälten Maronen (ca. 250 g) zubereiten. Besonders gut aber schmeckt sie, wenn Sie die Esskastanien selbst rösten.

VERFEINERN Um die Sauce zu verfeinern, kann man sie mit ca. 20 ml weißem Trüffelöl abschmecken. Für eine besonders edle Variante hobelt man etwas weißen Trüffel über die Sauce.

DAS IST
wirklich
WICHTIG

[a] VORBEREITUNG Garen Sie die an der Oberseite kreuzweise eingeritzten Maronen zugedeckt in einer Edelstahlpfanne (keine beschichtete Pfanne verwenden) ca. 20 Minuten, bis die Schale aufplatzt. Man kann die Maronen auch im Backofen garen, dabei trocknen sie allerdings etwas mehr aus.

[b] AUFGIESSEN Schwitzen Sie die Maronen kurz mit den Zwiebeln und dem Knoblauch an und geben Sie dann den Fond und die Sahne unter Rühren zu.

[c] PÜRIEREN Bevor Sie die Sauce pürieren, stellen Sie einen Teil der Maronen als Einlage beiseite und geben Sie sie kurz vor dem Servieren in die bereits gewürzte Sauce.

[b]

[c]

[a]

HELLE SAUCEN
schnell und einfach zubereitet

EINE KLEINE SAUCE ZU KALBSSCHNITZEL, HÄHNCHENFILET ODER SCHWEINEMEDAILLONS
ZUZUBEREITEN, IST AUCH OHNE FOND KEIN PROBLEM: EINFACH DEN BRATENSATZ ABLÖSCHEN
UND MIT SAHNE, WEIN, KRÄUTERN UND GEWÜRZEN VERFEINERN.

WEISSWEINSAUCE

Das Fleisch in einer Pfanne anbraten, herausheben und warm stellen. 2 EL Butter in der Pfanne zerlassen, 1 EL gewürfelte Zwiebeln farblos anschwitzen und mit 100 ml Weißwein und dem Saft von ½ Zitrone ablöschen. Die Sauce mit Salz und Pfeffer würzen. Die Schnitzel kurz in der Sauce ziehen lassen. Gegebenenfalls mit etwas fein gehackter Petersilie bestreuen.

Passt besonders gut zu Kalbschnitzel oder Hähnchenschnitzel.

RAHMSAUCE

Das Fleisch in einer Pfanne anbraten, herausheben und warm stellen. Den Fleischsaft aus der Pfanne abgießen und beiseitestellen. In der Pfanne 1 EL Butter zerlassen, den Bratensatz lösen, 2 EL fein gewürfelte Schalotten zugeben und farblos anschwitzen.

Mit 50 ml Weißwein ablöschen, 200 g Sahne und 50 g Crème fraîche zugeben und etwas einkochen lassen. Die Sauce mit Salz und Pfeffer sowie ein paar Tropfen Zitronensaft und Worcestersauce würzen und mit dem Stabmixer aufschäumen. Den Fleischsaft zur Sauce geben. ½ TL Speisestärke in kaltem Wasser auflösen und in die Sauce einrühren. Vor dem Servieren mit dem Stabmixer aufschäumen.

Passt gut zu Kalbs-, Schweine- oder Hähnchenschnitzeln, Medaillons von hellem Fleisch oder auch zu Geschnetzeltem.

MARSALASAUCE

Das Fleisch in einer Pfanne in Butterschmalz anbraten, herausheben und warm stellen. Den Bratensatz mit 150 ml Marsala ablöschen und den Bratensatz lösen. 2 EL eiskalte Butter in Flöckchen in die Sauce einrühren. Mit Salz und Pfeffer würzen.

Passt besonders gut zu Kalbschnitzeln, aber auch zu Schweinefilet und Hähnchenbrust.

ZITRONENSAUCE

Das Fleisch in einer Pfanne anbraten, herausheben und warm stellen. Die Schale von 1 unbehandelten Zitrone abreiben. Die Zitrone auspressen, den Saft und die Schale mit 4 EL Olivenöl verquirlen und mit etwas Pfeffer würzen. Die Mischung in die Pfanne geben und kräftig aufkochen lassen. Mit Salz und Pfeffer und gegebenenfalls ein paar Tropfen Zitronensaft würzen. 1 EL kalte Butter in die Sauce einrühren.

Passt besonders gut zu Kalbschnitzel.

SENFSAUCE

Das Fleisch in einer Pfanne anbraten, herausheben und warm stellen. 1 fein gehackte Schalotte in etwas Butter im Bratensatz anschwitzen. Ca. 1 EL Senf mit 100 g Sahne und einer Prise Zucker verrühren und zusammen mit 100 ml Weißwein und etwas abgeriebener Zitronenschale zugeben. Die Sauce etwas einkochen lassen und mit Salz und Pfeffer sowie etwas Cayennepfeffer würzen.

Passt besonders gut zu Kalbschnitzel oder zu Schweinefilet.

PFEFFERRAHMSAUCE

Das Fleisch in einer Pfanne anbraten, herausheben und warm stellen. 1 EL Butter mit 1 TL grob geschrotetem schwarzem Pfeffer oder 1 EL grünen Pfefferkörnern (die Lake, in der die Körner eingelegt sind, vorher abspülen) im Bratensatz erhitzen. Mit einem Schuss Cognac ablöschen und 200 g Sahne zugeben. 1 EL kalte Butter einrühren und die Sauce mit Salz, Pfeffer und Zitronensaft würzen.

Passt zu Schweinefilet aber auch zu Rinderfilet und zu Hirschrücken.

ZITRONENGRAS-KOKOS-SAUCE

Das Fleisch in einer Pfanne anbraten, herausheben und warm stellen. Den Fleischsaft aus der Pfanne abgießen und beiseitestellen. 1 El fein gehackte Zwiebel im Bratensatz in etwas Butter anschwitzen, 1 klein geschnittenen Stängel Zitronengras und eine halbierte Knoblauchzehe zugeben und goldgelb anschwitzen. 300 ml Kokosmilch angießen und um ⅓ einkochen lassen. Mit Salz und weißem Pfeffer, Sambal Oelek sowie ein paar Tropfen Zitronensaft würzen. 1 TL Speisestärke in kaltem Wasser auflösen, in die Sauce einrühren und aufkochen lassen. Den Fleischsaft zugeben, die Sauce durch ein Sieb passieren und mit dem Stabmixer aufschäumen.

Passt gut zu Kalbfleisch, Geflügel, aber auch zu Pasta oder Reis.

61

SAUCEN ZU FISCH
& Meeresfrüchten

UM DAS FEINE AROMA VON FISCH PERFEKT ZU UNTERSTREICHEN UND NICHT ZU ÜBERDECKEN, SOLLTEN DIE PASSENDEN SAUCEN LEICHT UND ELEGANT SEIN.

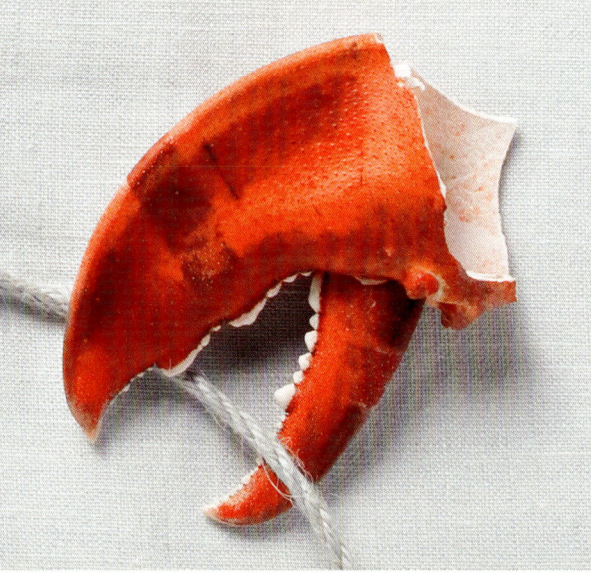

FISCHFOND
die aromatische Basis

JE BESSER DIE QUALITÄT UND JE FRISCHER DIE FISCHKARKASSEN,
DESTO FEINER WIRD DER FOND – UND WERDEN AUCH DIE SAUCEN-
VARIATIONEN, DIE MAN DAMIT ZUBEREITEN KANN.

Zutaten für ca. 5 l

3 kg Karkassen (von fettarmen weißfleischigen Fischen)

200 g Schalotten

100 g Petersilienwurzeln

2 Stangen Lauch

200 g Staudensellerie

100 g Fenchelknolle

300 g Champignons

50 g Butter

1 l trockener Weißwein

4 l Wasser

2 Lorbeerblätter

1 EL weiße Pfefferkörner

100 g Dillstiele

2 g Chiliflocken

Zeitbedarf
▪ 40 Minuten +
  30 Minuten kochen

So geht's

1. Die Fischkarkassen gründlich unter fließendem Wasser abspülen oder wässern [→a] und klein hacken (5 x 5 cm). Gegebenenfalls vorher die Kiemen entfernen.

2. Die Schalotten abziehen und fein würfeln. Die Petersilienwurzeln schälen. Den Lauch, den Staudensellerie und den Fenchel putzen, waschen und trocknen. Das Gemüse walnussgroß schneiden. Dabei vom Lauch nur die weißen Teile verwenden. Die Pilze putzen und vierteln.

3. Die Butter in einem Topf zerlassen, bis sie aufschäumt. Die Karkassen und die Schalotten zugeben und 5 Minuten farblos anschwitzen [→b]. Das Gemüse und die Pilze zugeben und weitere 2 Minuten anschwitzen. Mit Weißwein ablöschen, das Wasser angießen.

4. Den Fond unter mehrmaligem Umrühren langsam zum Kochen bringen und abschäumen. Die Lorbeerblätter, die Pfefferkörner, die Dillstiele (die Blätter anderweitig verwenden) und die Chiliflocken zugeben. Den Fond 30 Minuten bei kleiner Hitze köcheln lassen. Dabei immer wieder vorsichtig abschäumen und darauf achten, dass die Gewürze nicht abgeschöpft werden [→c].

5. Den Fond durch ein mit einem Passiertuch ausgelegtes Sieb gießen. Nicht ausdrücken, damit er klar bleibt.

SAUCENBASIS Dieser Fond ist die Saucenbasis für viele Fischgerichte. Im Kühlschrank lässt er sich ca. 1 Woche aufbewahren. Portionsweise in Beutel oder Gefrierdosen verpackt, hält er tiefgefroren bis zu 6 Monaten.

[a]

[b]

DAS IST *wirklich* WICHTIG

[a] VORBEREITEN Verwenden Sie für den Fond nur Karkassen von weißfleischigen Fischen wie Zander, Scholle, Seezunge. Fische mit hohem Fettanteil, wie Lachs, Makrelen oder Heringe, sind nicht geeignet. Wässern Sie die Karkassen gründlich und entfernen Sie gegebenenfalls die Kiemen, da sie den Fond tranig machen.

[b] ANSCHWITZEN Sowohl die Schalotten als auch die Fischkarkassen sollen für diesen hellen Fond nur farblos angeschwitzt, keinesfalls angeröstet werden.

[c] ABSCHÄUMEN Achten Sie darauf, dass beim Abschäumen des Fonds die Gewürze im Topf verbleiben. Verwenden Sie am besten einen Schöpflöffel oder einen großen Löffel. Der Fond darf nicht zu lange köcheln. Nehmen Sie den Topf nach 30 Minuten vom Herd und lassen Sie den Fond weitere 30 Minuten ziehen.

DER FOND SOLL NUR 30 MINUTEN KÖCHELN, SONST WIRD ER LEIMIG.

[c]

DAS IST *wirklich* WICHTIG

[a] AUFSCHLAGEN Wenn Sie die Sauce mit dem Stabmixer kräftig aufschäumen, wird sie besonders luftig.

[b] AROMA Um Geschmack und Farbe des Safrans voll zur Entfaltung zu bringen, zerreiben Sie die Safranfäden vor der Verwendung leicht mit den Fingern und weichen Sie sie in etwas warmem Wasser ein.

[a]

[b]

WEISSWEINSAUCE
mit Safran

EINE SEHR AROMATISCHE UND CREMIGE SAUCE, DIE SICH
VIELSEITIG VARIIEREN LÄSST UND GANZ WUNDERBAR ZU
GEBRATENEM UND POCHIERTEM FISCH PASST.

Zutaten für ca. ½ l

2 EL Schalotten

10 g Butter

100 ml trockener Weißwein

50 ml Noilly Prat

300 ml Fischfond
(siehe Seite 64)

200 g Sahne

50 g Crème fraîche

0,4 g Safranfäden (ersatzweise
Safranpulver)

1 TL Speisestärke

Salz, weißer Pfeffer aus der
Mühle

etwas Zitronensaft

etwas Tabasco

20 g eiskalte Butter

2 EL geschlagene Sahne

Zeitbedarf
▪ 35 Minuten

So geht's

1. Die Schalotten abziehen und fein würfeln.

2. 10 g Butter in einem Topf zerlassen, bis sie aufschäumt. Die
   Schalotten zugeben und farblos anschwitzen. Mit dem Weißwein
   und dem Noilly Prat ablöschen und auf die Hälfte einkochen.
   Den Fond, die Sahne und die Crème fraîche angießen, 5 Minuten
   bei kleiner Hitze sanft köcheln lassen. Die Sauce mit dem Stabmixer pürieren [→a]. Die Safranfäden zugeben [→b] und weitere
   10 Minuten köcheln lassen.

3. Die Speisestärke in kaltem Wasser auflösen und in die Sauce einrühren. Mit Salz und Pfeffer sowie ein paar Tropfen Zitronensaft
   und Tabasco würzen.

4. Vor dem Servieren die eiskalte Butter und die geschlagene Sahne
   unterheben und die Sauce mit dem Stabmixer kurz aufschäumen.

Passt besonders gut zu Zanderfilet und Steinbutt.

Die Varianten

Noilly-Prat-Sauce
Die Weißweinsauce ohne
Safran zubereiten und die
Zutatenmengen von Weiß-
wein und Noilly Prat tau-
schen, d.h. 100 ml Noilly
Prat und 50 ml Weißwein
verwenden. Passt in Kombination mit frischen Kräutern
gut zu gebratenem Hecht,
Seelachs und Kabeljau.

Dill-Senf-Sauce
Die Weißweinsauce ohne
Safran zubereiten und
2 EL frisch gehackten Dill
und 20 g groben Senf zu-
geben. Einige Minuten ziehen lassen.
Passt zu Seelachs, Zander,
Hecht, Seeteufel.

Champagnersauce
100 ml Champagner mit
400 ml Weißweinsauce
(ohne Safran zubereitet)
erhitzen. 20 g eiskalte Butter und 1 EL geschlagene
Sahne zugeben und mit dem
Stabmixer aufschäumen.
Die Sauce passt sehr gut
zu Seezungenfilet und po-
chiertem Steinbuttfilet.

BESONDERS FEIN wird die Sauce, wenn man sie, kurz bevor man die
Safranfäden zugibt, durch ein Sieb passiert.

WEISSWEIN-GEMÜSE-SAUCE
mit Sahne

Zutaten für ca. ½ l

2 Schalotten

1 mittelgroße Karotte

1 Fenchelknolle

je 1 kleine grüne und gelbe Zucchini

3 Stängel Dill

30 g Butter

100 ml trockener Weißwein

50 ml Noilly Prat

200 ml Fischfond (siehe Seite 64)

200 g Sahne

1 EL Crème fraîche

1 TL Speisestärke

Salz, weißer Pfeffer aus der Mühle

etwas Zitronensaft

etwas Tabasco

2 EL geschlagene Sahne

Zeitbedarf
▪ 45 Minuten

So geht's

1. Die Schalotten abziehen. Das Gemüse waschen, putzen und gegebenenfalls schälen. Die Schalotten und das Gemüse sehr fein würfeln und getrennt beiseitestellen. Den Dill waschen, trocken schütteln und fein hacken.

2. Die Hälfte der Butter in einer Pfanne zerlassen, bis sie aufschäumt. Die Schalotten zugeben und farblos anschwitzen. Die Karotten und den Fenchel zugeben, nach 1 Minute die Zucchini zufügen. Mit Weißwein und Noilly Prat ablöschen, den Fond und die Sahne angießen und die Sauce köcheln lassen, bis das Gemüse bissfest ist. Die Sauce durch ein Sieb geben und das Gemüse beiseitestellen.

3. Die Sauce erneut aufkochen, die Crème fraîche unterrühren und um ein Drittel einkochen.

4. Die Speisestärke in kaltem Wasser auflösen, in die Sauce einrühren und aufkochen lassen. Die Sauce mit Salz, Pfeffer sowie ein paar Tropfen Zitronensaft und Tabasco würzen.

5. Die restliche Butter und die geschlagene Sahne zugeben und mit dem Stabmixer aufschäumen. Die Gemüsewürfel und den Dill zugeben, umrühren und sofort servieren.

Passt besonders gut zu Seeteufel, Loup de Mer, Jakobsmuscheln und gedämpften Miesmuscheln. Mit dem Sud der Miesmuscheln kann man die Gemüsesauce noch zusätzlich anreichern.

SO SCHMECKT'S AUCH Die Gemüsesauce eignet sich sehr gut für helles Fleisch wie z. B. pochierte Hähnchenbrust oder gekochtes Kalbfleisch. Dazu ersetzt man den Fischfond durch Kalbs- oder Geflügelfond (siehe Seite 48).

PAPRIKASAUCE
mit Portwein

Zutaten für 4 Portionen

2 rote oder gelbe Paprikaschoten

2 Schalotten

20 g Butter

80 ml weißer Portwein

20 ml Cognac

250 ml Fischfond
(siehe Seite 64)

Salz, Pfeffer aus der Mühle

1 Prise Zucker

2 EL geschlagene Sahne

Zeitbedarf
▪ 35 Minuten

So geht's

1. Die Paprikaschoten waschen, trocknen und vierteln. Den Stielansatz, die Kerne und die Scheidewände entfernen. Das Fruchtfleisch klein schneiden. Die Schalotten abziehen und fein würfeln.

2. Die Butter in einem Topf zerlassen, bis sie aufschäumt. Die Schalotten und die Paprika zugeben und farblos anschwitzen. Mit Portwein und Cognac ablöschen und den Fond angießen. Die Sauce zugedeckt bei kleiner Hitze köcheln lassen, bis das Gemüse weich ist.

3. Die Sauce mit dem Stabmixer mindestens 5 Minuten pürieren, damit sie schön sämig wird. Durch ein feines Sieb passieren und mit Salz, Pfeffer sowie einer Prise Zucker würzen.

4. Die Sauce gegebenenfalls noch etwas einkochen lassen. Vor dem Servieren die Sahne unterheben und die Sauce mit dem Stabmixer aufschäumen.

Passt gut zu gebratenem Fisch, Jakobsmuschel und Seeteufel. Für Fleischgerichte den Fischfond durch hellen Fond (siehe Seite 48) ersetzen.

SAUERAMPFER-SAUCE
fein sahnig

Zutaten für 4 Portionen

20 Blätter Sauerampfer

1 EL Mehlbutter

250 ml Fischfond
(siehe Seite 64)

100 ml Weißwein

100 g Sahne

1 El Crème fraîche

60 g weiche Butter

Salz, weißer Pfeffer aus der Mühle

etwas Zitronensaft

20 ml Sekt

1 EL geschlagene Sahne

Zeitbedarf
▪ 35 Minuten

So geht's

1. Den Sauerampfer waschen, trocken schütteln und fein hacken. Für die Mehlbutter je ½ EL Mehl und weiche Butter verkneten.

2. Den Fond und den Weißwein in einem Topf auf die Hälfte einkochen und die Mehlbutter mit dem Pürierstab unterrühren. Die Sahne und die Crème fraîche zugeben und sämig einkochen lassen.

3. Den Sauerampfer mit der weichen Butter vermengen und in die köchelnde Sauce geben. Mit dem Stabmixer pürieren und mit Salz, Pfeffer sowie ein paar Tropfen Zitronensaft würzen. Den Sekt zugeben, die geschlagene Sahne unterheben und die Sauce mit dem Stabmixer aufschäumen. Sofort servieren, da Sauerampfer schnell grau wird.

Passt besonders gut zu Zander, Seewolf und zu gebratenem Karpfen. Schmeckt auch zu Reisgerichten.

GRÜNE FARBE Für eine kräftige grüne Farbe der Sauce können Sie etwas blanchierten Spinat mitpürieren.

DAS IST *wirklich* WICHTIG

. . . .

[a] SÄUBERN Die Karkassen sehr sorgfältig von Eiweißrückständen säubern und gründlich unter fließendem kaltem Wasser abspülen, damit der Hummerfond nicht bitter wird.

[b] ANSCHWITZEN Die Karkassen und das Tomatenmark dürfen nicht zu dunkel angeröstet werden. Optimal ist es, wenn beide die Farbe der Hummerkarkassen annehmen. Bei zu starker Röstung entstehen unerwünschte Bitterstoffe.

[c] KÖCHELN Nach dem Ablöschen den Fond bei kleiner Hitze langsam ca. 1 Stunde köcheln lassen.

[a]

[c]

[b]

HUMMERFOND
der Gourmet-Fond

ER IST DIE FEINE BASIS FÜR ERLESENE SAUCEN,
DIE MIT FISCH UND KRUSTENTIEREN HARMONIEREN,
UND AUCH FÜR KÖSTLICHE HUMMERSUPPEN.

Zutaten für ca. 2 l

1 kg Hummerkarkassen

2 Schalotten

100 g Karotten

100 g Lauch

40 g Knollensellerie

2 Knoblauchzehen

je 3 Stängel Petersilie,
Estragon und Thymian

30 ml Olivenöl

20 g Butter

3 EL Tomatenmark

40 ml Weinbrand

200 ml Noilly Prat

20 ml Pernod

200 ml Weißwein

1 ½ l heller Fond
(siehe Seite 48)

2 Lorbeerblätter

10 Wacholderbeeren

1 TL weiße Pfefferkörner

Salz, Tabasco

Zeitbedarf
- 35 Minuten +
  1 Stunde kochen

So geht's

1. Die Karkassen von Eiweißrückständen säubern [→a], sorgfältig unter fließendem kaltem Wasser abspülen, abtropfen lassen und grob zerkleinern. Die Schalotten abziehen, das Gemüse schälen bzw. putzen. Die Schalotten und das Gemüse klein schneiden und beiseitestellen. Den Knoblauch abziehen und halbieren. Die Kräuter waschen und trocken schütteln.

2. Das Olivenöl in einem großen Topf erhitzen. Die Karkassen zugeben und bei mittlerer Hitze nicht zu dunkel rösten [→b]. Schalotten, Gemüse und Knoblauch zugeben und Farbe nehmen lassen. Wenn nötig, die Butter zugeben, das Tomatenmark einrühren, nicht zu dunkel anrösten.

3. Mit dem Weinbrand ablöschen und sofort anzünden. Wenn der Alkohol verbrannt ist, Noilly Prat, Pernod, Weißwein und den Fond angießen. Die Kräuter und die Gewürze zugeben und den Fond bei kleiner Hitze 1 Stunde köcheln lassen [→c].

4. Den Fond durch ein feines Sieb passieren, mit Salz und ein paar Tropfen Tabasco würzen.

FOND AUF VORRAT Der durch ein feines Sieb passierte und vorsichtig gewürzte Fond lässt sich im Kühlschrank 1 Woche, tiefgefroren bis zu 3 Monaten aufbewahren. Er ist die Basis für viele exquisite Saucen.

Die Varianten

Chili-Garnelen-Sud
Der Hummerfond eignet sich wunderbar, um Garnelen und Meeresfrüchte darin zu garen. Für 4 Portionen 800 ml Hummerfond in einem breiten Topf oder einer Pfanne erhitzen. 2 rote Chilischoten im Mörser mit 1 EL Olivenöl zu einer feinen Paste verarbeiten. Den Fond nach gewünschter Schärfe damit würzen. 0,2 g Safran zugeben und aufkochen. 20 Riesengarnelen schälen, den Darm entfernen und mit Salz, Pfeffer und etwas Zitronensaft würzen. Die Garnelen in den heißen Sud geben, ca. 5 Minuten ziehen lassen und im Sud servieren. 1 EL Pesto (siehe Seite 121) mit 1 EL Olivenöl verrühren und auf den Sud geben. Am besten passt frisches Weißbrot dazu.

Harissa-Sud
800 ml Hummerfond in einem breiten Topf oder einer Pfanne erhitzen. 2 EL Harissapaste einrühren und Meeresfrüchte darin garen.

71

HUMMERRAHMSAUCE
cremig aufgeschlagen

EINE EXQUISITE SAUCE, DIE ABER NICHT NUR HUMMERFREUNDE
ERFREUT, SONDERN AUCH VIELE ANDERE GERICHTE ZU EINEM
GESCHMACKSERLEBNIS MACHT.

Zutaten für ca. ½ l

1 Hummerkarkasse

2 EL Olivenöl

300 ml Hummerfond
(siehe Seite 71)

200 g Sahne

50 ml Crème fraîche

1 TL Speisestärke

Salz, Pfeffer aus der Mühle

Cayennepfeffer

Saft von ½ Zitrone

15 g eiskalte Butterwürfel

1 EL geschlagene Sahne

Zeitbedarf
▪ 30 Minuten +
  30 Minuten kochen

So geht's

1. Die Karkasse von Eiweißrückständen säubern, sorgfältig unter fließendem kaltem Wasser abspülen, abtropfen lassen und grob zerkleinern.

2. Das Olivenöl in einem großen Topf erhitzen. Die Karkassen zugeben und bei mittlerer Hitze rösten [→a]. Den Fond, die Sahne [→b] und die Crème fraîche angießen und die Sauce 30 Minuten bei kleiner Hitze köcheln lassen. Eventuell noch etwas Wasser zugießen.

3. Die Speisestärke in kaltem Wasser auflösen und in die Sauce einrühren, mit Salz, Pfeffer, Cayennepfeffer sowie Zitronensaft würzen. Die Sauce durch ein feines Sieb passieren.

4. Die Butterwürfel und die geschlagene Sahne zugeben und die Sauce mit dem Stabmixer aufschäumen [→c].

Passt außer zu Hummer auch hervorragend zu gebratenen Filets von Steinbutt, Zander, Petersfisch oder Seezunge, zu mit Hummerfleisch gefüllten Ravioli und zu anderen Pasta- und Reisgerichten. Mit etwas hellem Fond verdünnt, wird daraus eine köstliche Hummersuppe.

HUMMERSAUCE ZUM GRATINIEREN Dafür 400 ml Hummerrahmsauce aufkochen, mit einem Schneebesen 2 EL Mehlbutter (weiche Butter und Mehl zu gleichen Teilen verkneten) unterrühren und 1 EL geschlagene Sahne unterheben. Die Sauce mit dem Stabmixer aufschäumen und über den Hummer geben. 2 EL geschlagene Sahne über der Sauce verteilen und den Hummer im Backofen unter dem Grill (Grillstufe) gratinieren.

DAS IST *wirklich* WICHTIG

[a] RÖSTEN Die Temperatur beim Anrösten der Hummerkarkassen darf nicht
zu hoch sein, damit die Schalen nicht anbrennen und die Sauce bitter wird.

SAHNESAUCE

[b]

[b] ANGIESSEN Geben Sie den Hummerfond, die Crème fraîche und die Sahne unter ständigem Rühren zu. Achten Sie darauf, dass nichts am Topfboden ansetzt.

[c] ANRICHTEN Schäumen Sie die Sauce
mit dem Stabmixer kräftig auf und geben
Sie sie dann über das auf dem Teller vor-
bereitete Gericht.

[c]

[a]

FISCHSAUCEN

schnell und einfach zubereitet

BRÄT MAN FISCHFILETS ODER AUCH GANZE FISCHE AN, BLEIBT EIN BRATENSATZ IN DER PFANNE, AUS DEM SICH MIT WEIN UND SAHNE GANZ EINFACH EINE SAUCE ZUBEREITEN LÄSST. UND AUCH ANDERE KLEINE SAUCEN, DIE GUT MIT FISCHGERICHTEN HARMONIEREN, LASSEN SICH SCHNELL UND UMKOMPLIZIERT ZUBEREITEN.

WEISSWEIN-SENF-SABAYON

3 Eigelbe mit ½ TL Salz in einer Rührschüssel aus Metall mit dem Schneebesen verrühren. 2 EL milden Weißweinessig und 200 ml Weißwein (Champagner oder trockenen Sekt oder auch 100 ml Wein und 100 ml Gemüsefond oder -brühe) unterrühren. Die Schüssel auf ein heißes Wasserbad (es darf nicht kochen) setzen und einige Minuten schaumig aufschlagen, bis das Sabayon beginnt, dick zu werden und sich das Volumen verdoppelt hat. 1 EL Pommery-Senf und 1 EL fein geschnittene Estragonblätter unterrühren. Mit weißem Pfeffer, Tabasco, 1 Prise Zucker und evtl. Salz abschmecken. Passt zu gebratenen oder pochierten Fischfilets, z. B. Seezunge, Steinbutt. Aber auch zu Gemüse und hellem Fleisch.

PORTWEINSCHAUM

Hat man Fischfond im Vorrat, lässt sich natürlich eine besonders schmackhafte Sauce zaubern: Den angebratenen Fisch aus der Pfanne nehmen, 200 ml Fischfond, 100 g Crème fraîche, je 50 ml trockenen Weißwein und weißen Portwein in der Pfanne aufkochen und auf ⅓ einkochen lassen. 40 g kalte Butterwürfel mit dem Mixstab unterschlagen. Mit Salz, Pfeffer und etwas Zitronensaft abschmecken. Vor dem Servieren 1 EL geschlagene Sahne dazugeben und die Sauce noch mal kurz aufschäumen.
Passt gut zu gebratenem und pochiertem Fisch, z. B. zu Seezunge, Saint Pierre, Kabeljau und Karpfen.

WEISSWEIN-SAHNE-SAUCE

Brät man den Fisch nur ganz kurz bei schwacher Temperatur an und lässt ihn dann in der Sauce gar ziehen, bleibt er nicht nur besonders zart und saftig, sondern gibt der Sauce auch noch zusätzlich Geschmack.
Fischfilets mit Salz, Pfeffer und ein paar Tropfen Zitronensaft würzen. In einer beschichteten Pfanne mit 1 TL Butterschmalz nicht zu heiß auf beiden Seiten kurz anbraten. Fisch aus der Pfanne nehmen, 1 EL Butter zerlaufen lassen, 1 EL Schalottenwürfel darin farblos anschwitzen. Mit 100 ml Weißwein, 150 g Sahne und 1 EL Crème fraîche auffüllen, aufkochen und gut verrühren.
Die Filets in die Sauce setzen und im Backofen bei 120 °C langsam gar ziehen lassen, je nach Dicke der Filets ca. 10–15 Minuten.
Den Fisch aus der Pfanne nehmen, die Sauce in eine kleine Sauteuse füllen, mit 1 Messerspitze Senfpulver, Salz, Pfeffer und ein paar Tropfen Tabasco und Zitronensaft abschmecken. Mit einem Pürierstab aufmixen. Sollte die Sauce noch etwas zu dünn sein, mit ein paar kalten Butterflocken oder etwas in kaltem Wasser angerührter Speisestärke binden. Zum Schluss kann man noch 1 EL geschlagene Sahne unterrühren und die Sauce nochmals aufschäumen.

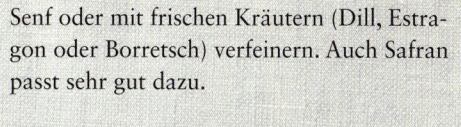

Die Sauce lässt sich auch mit 1 EL Pommery-Senf oder mit frischen Kräutern (Dill, Estragon oder Borretsch) verfeinern. Auch Safran passt sehr gut dazu.

ZITRONEN-ORANGEN-SAUCE

3 EL Zucker mit 6 EL Wasser in einer Kasserolle so lange kochen, bis sich der Zucker leicht braun färbt. Mit 100 ml Zitronensaft und 200 ml Orangensaft aufgießen und einige Minuten köcheln lassen. 2–3 Spritzer Tabasco zugeben. Etwas Speisestärke in kaltem Wasser anrühren und so viel davon unter den Saft rühren, bis er leicht gebunden ist. 2 EL kalte Butter untermixen, bis eine sämige Sauce entsteht. Mit Salz und Pfeffer abschmecken.
Passt gut zu Fisch (z. B. zu gebratenem Lachs), zu Langusten oder zu Jakobsmuscheln.

CURRYSAUCE

1 weiße Zwiebel abziehen und in Ringe schneiden. 1 Stängel Zitronengras in feine Scheiben schneiden. Beides zusammen mit 250 g Sahne und 2 TL roter Currypaste in einen kleinen Topf geben. 1 Kaffir-Limettenblatt zufügen und unter Rühren zum Kochen bringen. Ca. 10 Minuten bei niedriger Temperatur köcheln lassen. Das Limettenblatt entfernen und die Sauce mit dem Stabmixer pürieren. Nach Belieben einige gehackte Korianderblättchen dazugeben.
Passt gut zu gebratenem oder gegrilltem Fisch und auch zu Schalen- und Krustentieren. Man kann auch ein Fischfilet in der Sauce gar ziehen lassen.

BUTTERSAUCEN

die idealen Begleiter

OB LUFTIG MIT EIGELB UND WEIN AUFGESCHLA-
GEN, MIT KRÄUTERN UND GEWÜRZEN SCHAUMIG
GERÜHRT ODER FLÜSSIG UND AROMATISIERT –
BUTTER IST DIE FEINE BASIS FÜR ALLE SAUCEN IN
DIESEM KAPITEL.

SAUCE HOLLANDAISE

aufgeschlagene Buttersauce

SIE IST DER KLASSIKER ZU WEISSEM SPARGEL, SCHMECKT ABER AUCH
ZU VIELEN ANDEREN GEMÜSEN, ZU FLEISCH UND FISCH SEHR FEIN.

Zutaten für ca. 300 ml

20 g Schalotten

250 g Butter

10 weiße Pfefferkörner

40 ml trockener Weißwein

20 ml heller Aceto balsamico

2 Eigelb

Salz, weißer Pfeffer aus der Mühle

etwas Tabasco

Zeitbedarf

- 25 Minuten +
  15 Minuten ziehen

So geht's

1. Die Schalotten abziehen und fein würfeln. Die Butter in einem schmalen, hohen Topf langsam schmelzen und so lange köcheln lassen, bis sie klar wird. Am besten schmeckt die Butter, wenn der Bodensatz goldgelb ist. Durch ein feines Sieb passieren [→a] und warm stellen.

2. Die Schalotten, die Pfefferkörner, den Weißwein und den Essig in einem Topf mit 100 ml Wasser aufkochen, 15 Minuten ziehen lassen und durch ein Sieb in eine Schüssel geben.

3. Die Flüssigkeit (ca. 100 ml) mit den Eigelben verrühren. Auf einem nicht zu heißen Wasserbad mit dem Schneebesen aufschlagen, bis sich eine luftige Creme bildet. So lange schlagen, bis keine großen Bläschen mehr vorhanden sind [→b].

4. Die Schüssel vom Wasserbad nehmen. Die Butter zunächst tropfenweise, dann im dünnen Strahl unter die Eigelbe schlagen [→c]. Mit Salz und Pfeffer sowie ein paar Tropfen Tabasco würzen. Die Sauce lässt sich nicht allzu lange im Voraus zubereiten, maximal 1–2 Stunden.

Passt sehr gut zu pochiertem Fisch und gekochtem Gemüse, zu gegrilltem oder gebratenem Fleisch und Fisch, zu pochierten Eiern. Ideal zum Verfeinern von Rahmsaucen (ca. 2 EL für 4 Portionen).

Die Varianten

Sauce Dijon

300 ml Sauce hollandaise mit 1 TL Senf und 2 EL geschlagener Sahne verrühren. Mit Salz und weißem Pfeffer sowie ein paar Tropfen Tabasco würzen. Nach Belieben mit 1 EL fein gehacktem Dill abrunden.

Sauce Choron

1 EL Tomatenmark mit 1 EL Wasser glatt rühren, leicht erwärmen und in 300 ml Sauce hollandaise einrühren. Mit Salz, Pfeffer, 1 Msp. Sambal Oelek und ein paar Tropfen Zitronensaft würzen.

Sauce mousseline

300 ml Sauce hollandaise mit Salz, weißem Pfeffer, dem Saft von ½ Zitrone und ein paar Tropfen Tabasco pikant würzen. 2 EL geschlagene Sahne unterheben.

SCHNELLE HOLLANDAISE Für die schnelle Variante auf die Weißweinreduktion verzichten und die Eigelbe mit einem Schuss Essig und etwas Weißwein (insgesamt 100 ml Flüssigkeit) aufschlagen.

[a]

[b]

[a] KLÄREN Die Butter so lange köcheln lassen, bis sie klar ist. Dann durch ein feines Sieb passieren, damit der milchige Bodensatz zurückbleibt.

[b] WASSERBAD Anfangs darf das Wasserbad nur lauwarm sein, damit die Sauce Volumen bekommt, danach kann die Temperatur erhöht werden, aber nur auf maximal 75 °C. Denn wird das Eigelb während des Aufschlagens zu heiß, kann es gerinnen. Schlagen Sie die Mischung so lange, bis sich eine luftige Creme bildet und keine großen Bläschen mehr vorhanden sind.

[c] BUTTER Schlagen Sie die warme Butter zunächst tropfenweise, damit sie nicht gerinnt, dann im dünnen Strahl unter die Eigelbe. Nur so erhält die Sauce eine schöne Bindung und wird cremig.

GANZ LANGSAM SOLL MAN DIE BUTTER ZUGIESSEN.

[c]

BEURRE BLANC
Weißweinbutter

Zutaten für ca. 250 ml

100 g Schalotten
20 g Butter
250 ml Weißwein
250 ml heller Fond (siehe Seite 48)
140 g kalte Butter
Salz, weißer Pfeffer aus der Mühle
1 EL geschlagene Sahne

Zeitbedarf
▪ 30 Minuten

So geht's

1. Die Schalotten abziehen und in feine Würfel schneiden.

2. Die Butter in einem Topf zerlassen, bis sie aufschäumt. Die Schalotten zugeben und farblos anschwitzen. Den Weißwein angießen, aufkochen und bei kleiner Hitze fast vollständig einkochen lassen. Den Fond angießen, auf die Hälfte einkochen und durch ein feines Sieb passieren, dabei die Schalotten kräftig mit einem Löffel ausdrücken.

3. Die kalte Butter in den heißen Fond geben und mit dem Pürierstab untermixen, bis sich die Butterwürfel aufgelöst haben. Mit Salz und Pfeffer würzen, die geschlagene Sahne unterheben und die Sauce mit dem Pürierstab aufschäumen.

Passt besonders gut zu pochiertem und gegrilltem Fisch und zu Meeresfrüchten, aber auch zu Fleisch.

Die Varianten

Vanille-Beurre-blanc mit Champagner
2 Schalotten fein würfeln und in Butter farblos anschwitzen. 1 Vanilleschote halbieren, längs aufschlitzen und das Mark herausschaben. Schote und Mark zu den Schalotten geben, mit ½ Flasche (375 ml) Champagner oder Sekt aufgießen und auf ⅓ einkochen. Die Vanilleschote entfernen. 120 g Butter einrühren und die Sauce mit dem Stabmixer aufschäumen. Mit Salz und Pfeffer abschmecken.
Passt sehr gut zu gebratenem Fischfilet, z. B. zu Seezunge oder Zander.
Als süße Variante, mit etwas Zucker statt Salz und Pfeffer abgeschmeckt, passt die Vanille-Beurre-blanc sehr gut zu einem Apfel- oder Birnenstrudel, zu gebackenen Holunderblüten oder auch zu Dampfnudeln.

SO SCHMECKT'S AUCH Zu einem Fischgericht kann man die Beurre blanc auch mit Fischfond oder dem Garfond, in dem der Fisch zubereitet wurde, herstellen. Wer keinen Fond zur Verfügung hat, lässt, um Geschmack in die Sauce zu bringen, 250 ml Weißwein und 250 ml Noilly Prat einkochen.

SAUCE BÉARNAISE
pikant gewürzt

BEURRE ROUGE
Rotweinbutter

Zutaten für ca. 300 ml

20 g Schalotten

250 g Butter

10 weiße Pfefferkörner

20 ml Estragonessig

40 ml trockener Weißwein

100 ml Wasser

2 Eigelb

1 EL gehackter Estragon

1 EL gehackter Kerbel

Salz, weißer Pfeffer aus der Mühle

etwas Tabasco

Zeitbedarf
- 20 Minuten +
  15 Minuten ziehen

So geht's

1. Die Schalotten abziehen und fein würfeln. Die Butter erhitzen und klären (siehe Seite 79). Durch ein feines Sieb geben und warm stellen.

2. Schalotten, Pfefferkörner, Essig, Weißwein und Wasser in einem Topf aufkochen und 15 Minuten ziehen lassen. Durch ein Sieb passieren.

3. Ca. 100 ml Flüssigkeit in einer Schüssel mit den Eigelben verrühren und auf einem nicht zu heißen Wasserbad mit dem Schneebesen aufschlagen (siehe Sauce hollandaise Seite 78).

4. Die Schüssel vom Wasserbad nehmen. Butter zunächst tropfenweise, dann im dünnen Strahl unter die Eigelbe schlagen. Kräuter und Essig unterrühren, mit Salz, Pfeffer und etwas Tabasco würzen.

Passt gut zu gegrilltem Fleisch, Steaks, gebratenem Fisch, Hummer oder Artischocken.

Zutaten für 250 ml

50 g Zucker

20 ml Aceto balsamico

50 ml roter Portwein

50 ml Madeira

200 ml trockener kräftiger Rotwein

200 ml schwarzer Johannisbeersaft

1 Lorbeerblatt

1 Thymianzweig

1 TL Speisestärke

50 g kalte Butterwürfel

Salz, weißer Pfeffer aus der Mühle

Zeitbedarf
- 30 Minuten

So geht's

1. Den Zucker in einem Topf goldgelb karamellisieren, den Essig zugeben und unter ständigem Rühren so lange bei kleiner Hitze köcheln lassen, bis sich der Karamell aufgelöst hat und der Essig fast vollständig eingekocht ist.

2. Portwein, Madeira, Rotwein und Johannisbeersaft angießen, das Lorbeerblatt und den Thymian zugeben und die Sauce auf die Hälfte einkochen. Die Speisestärke in etwas Rotwein auflösen und in die Sauce einrühren.

3. Die kalte Butter nach und nach mit dem Schneebesen unterschlagen und mit Salz und Pfeffer würzen.

Die Rotweinbutter ist vielseitig einsetzbar. Als Sauce zu kurz gebratenem Fleisch, zu Blattspinat oder zum Verfeinern von Wild- und Bratensauce, zum Garen von Rotweinzwiebeln oder Schalotten oder in Kombination mit hellen Saucen.

SO SCHMECKT'S AUCH Für Kalbfleisch oder Fisch die Kräuter durch Sauerampfer ersetzen.
Zu Lamm oder Entenbrust 2 EL gehackte Minze anstelle von Kerbel und Estragon verwenden.
Für eine kräftige Variante zu Fleischgerichten den Estragonessig durch 2 EL Bratensaft ersetzen.

KRÄUTERBUTTER
einfach aromatisch

DIE BUTTERMISCHUNGEN LASSEN SICH IN VIELEN VARIATIONEN
ZUBEREITEN, SIND IDEAL ZUM VERFEINERN VON SAUCEN UND EINE
AROMATISCHE ERGÄNZUNG ZU GEGRILLTEM.

Zutaten für ca. 150 g

4 Stängel Petersilie

4 Stängel Kerbel

3–4 Schnittlauchhalme

½ Zitrone

150 g Butter

1 TL mittelscharfer Senf

Salz, weißer Pfeffer aus der
Mühle

etwas Worcestersauce

etwas Tabasco

Zeitbedarf
■ 15 Minuten

So geht's

1. Die Petersilie und den Kerbel waschen, trocken schütteln, die Blätter abzupfen und fein hacken. Den Schnittlauch waschen, trocken schütteln und in feine Röllchen schneiden. Die Zitrone auspressen.

2. Die Butter in einer Schüssel schaumig schlagen, bis das doppelte Volumen erreicht ist [→a]. Die Kräuter, den Senf und den Zitronensaft unterrühren. Mit Salz, Pfeffer sowie ein paar Tropfen Worcestersauce und Tabasco würzen.

3. Die Buttermischung als Strang auf feste Klarsichtfolie setzen, an den Enden jeweils ca. 5 cm frei lassen. Vorsichtig zur Rolle formen und die Enden einschlagen oder zusammendrehen. Die Rolle im Kühlschrank fest werden lassen und bei Bedarf in dicke Scheiben schneiden [→b].

Passt gut zu gegrilltem Fleisch, Gemüse und Fisch.

Die Varianten

Curry-Chili-Butter
1 EL fein gewürfelte Zwiebeln in 1 EL Butter farblos anschwitzen und abkühlen lassen. 150 g weiche Butter in einer Schüssel schaumig schlagen, die Zwiebeln und 30 g püriertes Fruchtfleisch einer reifen Mango (ersatzweise Mangochutney) zufügen. Mit 1 TL mildem Currypulver, ½ TL Sambal Oelek sowie 1 Msp. Honig, Salz, Pfeffer und Zitronensaft würzen. Verwendet man ein pikantes Chutney, vorsichtig und sparsamer würzen. Passt zu weißem Geflügel, Kalbfleisch, Fisch (z. B. Red Snapper), Wok-Gemüse.

Pfefferbutter
150 g weiche Butter sehr schaumig schlagen und mit 2 EL fein gestoßenen verschiedenen Pfeffersorten mischen, mit Salz und evtl. etwas Worcestersauce würzen.

SO SCHMECKT'S AUCH Die verwendeten Kräuter können nach Geschmack und Saison variieren. Gut passen auch Liebstöckel und Basilikum. Die Buttermischung schmeckt aber auch, wenn man nur Schnittlauch oder nur Petersilie verwendet.

[a]

DAS IST
wirklich
WICHTIG

[a] SCHLAGEN Sie die Butter in einer Schüssel mit dem Handrührgerät oder dem Schneebesen schaumig. Sie sollte das doppelte Volumen erreichen, denn so ist sie leichter und nimmt auch die Kräuteraromen besser auf.

[b] PORTIONIEREN Die Kräuterbutter ist, zur Rolle geformt und in Klarsichtfolie verpackt, praktisch zu portionieren und vielseitig zu verwenden. Im Kühlschrank hält sie sich bis zu 1 Woche und kann auch gut eingefroren werden.

[b]

SCHALOTTENBUTTER
mit Portwein

Zutaten für ca. 150 g

- 3 Schalotten
- 4 Stängel glatte Petersilie
- 1 EL Butter
- 20 ml Aceto balsamico
- 100 ml roter Portwein
- 50 ml kräftiger Rotwein
- 125 g weiche Butter
- 25 g Semmelbrösel oder geriebenes Weißbrot ohne Rinde (Mie de Pain)
- 2 Eigelb
- Salz, Pfeffer aus der Mühle
- 1 Msp. Senf
- etwas Zitronensaft

Zeitbedarf
- 30 Minuten

So geht's

1. Die Schalotten abziehen und fein würfeln. Die Petersilie waschen, trocken schütteln, die Blätter abzupfen und fein hacken.

2. 1 EL Butter in einer Pfanne zerlassen, die Schalotten farblos anschwitzen. Mit Essig ablöschen. Portwein und Rotwein angießen und so lange köcheln, bis die Flüssigkeit ganz verdampft ist. Abkühlen lassen.

3. Die weiche Butter in einer Schüssel schaumig schlagen. Semmelbrösel, Eigelbe und Petersilie unterrühren und die Schalotten zugeben. Mit Salz, Pfeffer, Senf und etwas Zitronensaft würzen.

4. Die Buttermischung als Strang auf feste Klarsichtfolie setzen, zur Rolle formen und die Enden umschlagen oder eindrehen. Im Kühlschrank fest werden lassen. Bei Bedarf in 1 cm dicke Scheiben schneiden.

Eignet sich gut zum Gratinieren (im Backofen auf Grillstufe, 10 cm Abstand zu den Grillstäben) und passt besonders gut zu Rinderfilet, Wild oder Bison.

MANDELBUTTER
fein nussig

Zutaten für 6 Personen

- 80 g weiche Butter
- 80 g gem. Mandeln
- 80 g Semmelbrösel oder geriebenes Weißbrot ohne Rinde (Mie de Pain)
- 2 Eigelb
- Salz, Pfeffer aus der Mühle

Zeitbedarf
- 10 Minuten

So geht's

1. Die Butter in einer Schüssel schaumig schlagen. Die Mandeln, die Semmelbrösel und die Eigelbe unterrühren und mit Salz und Pfeffer würzen.

2. Die Buttermischung als Strang auf feste Klarsichtfolie setzen, vorsichtig zur Rolle formen und die Enden umschlagen oder eindrehen. Im Kühlschrank fest werden lassen. Die Mandelbutter lässt sich gut auf Vorrat herstellen und einfrieren.

3. Zum Gratinieren die Mandelbutter in 1 cm dicke Scheiben schneiden, das gebratene Fleisch mit 1 EL Honig einpinseln und mit der Mandelbutter belegen. Im Backofen auf Grillstufe (ca. 15 cm Abstand zu den Grillstäben) goldbraun gratinieren.

Passt sehr gut zu Rehrücken oder Hirschmedaillons, zu Fasan, Rebhuhn oder auch zu einem Brokkoli-Auflauf.

GUT ZU WISSEN Die Eigelbe binden die Butter und verhindern, dass sie völlig zerläuft. Die Semmelbrösel saugen die zerlaufene Butter auf.

CAFÉ DE PARIS
Würzbutter

Zutaten für 6 Portionen

50 g Schalotten

1 Knoblauchzehe

2 Sardellenfilets

4 Stängel Petersilie

4 Stängel Estragon

1 EL Butter

125 g weiche Butter

125 ml Rotwein

2 Eigelb

1 TL scharfes Paprikapulver

1 TL Currypulver

1 EL Weinbrand

Salz, Pfeffer aus der Mühle

etwas Zitronensaft

Zeitbedarf
- 25 Minuten

So geht's

1. Die Schalotten abziehen und fein würfeln. Die Knoblauchzehe abziehen und halbieren. Die Sardellenfilets sehr fein hacken. Die Kräuter waschen, trocken schütteln, die Blätter abzupfen und fein hacken.

2. 1 EL Butter in einer Pfanne zerlassen, Schalotten und Knoblauch farblos anschwitzen. Mit Rotwein ablöschen und so lange köcheln, bis die Flüssigkeit verdampft ist. Abkühlen lassen, den Knoblauch herausheben.

3. Die Butter in einer Schüssel schaumig schlagen, alle Zutaten zugeben und verrühren. Mit Salz, Pfeffer und etwas Zitronensaft abschmecken.

4. Die Buttermischung als Strang auf feste Klarsichtfolie setzen, zur Rolle formen und die Enden umschlagen oder eindrehen. Im Kühlschrank fest werden lassen.

Die würzige Butter passt kalt hervorragend zu gegrillten Rinder- und Schweinesteaks. Man kann sie auch in 1 cm dicke Scheiben schneiden und das Fleisch damit gratinieren.

SENFBUTTER
fein würzig

Zutaten für 6 Portionen

100 g weiche Butter

2 Eigelb

1 TL Pommerysenf

20 g Semmelbrösel oder geriebenes Weißbrot ohne Rinde (Mie de Pain)

Salz, Pfeffer aus der Mühle

etwas Zitronensaft

etwas Tabasco

Zeitbedarf
- 10 Minuten

So geht's

1. Die Butter in einer Schüssel schaumig schlagen, bis das doppelte Volumen erreicht ist.

2. Die Eigelbe, den Senf und die Semmelbrösel unterrühren. Mit Salz und Pfeffer sowie ein paar Tropfen Zitronensaft und Tabasco würzen.

3. Die Buttermischung als Strang auf feste Klarsichtfolie setzen, zur Rolle formen und die Enden umschlagen oder eindrehen. Im Kühlschrank fest werden lassen.

4. Zum Gratinieren die Senfbutter in 1 cm dicke Scheiben schneiden, das gebratene Fleisch damit belegen und anschließend im Backofen auf Grillstufe (ca. 10 cm Abstand zu den Grillstäben) goldbraun gratinieren.

Passt zu rosa gebratenem Fleisch, zu gegrilltem Lamm, Schwein und Rind.

SO SCHMECKT'S AUCH Sie können der Butter noch fein gehackte Kräuter beigeben, z. B. passen Thymianblätter zu Lammfleisch oder Majoran zu Spanferkel.

BUTTERSAUCEN
einfach, schnell, vielseitig

DIESE KLEINEN SCHNELLEN SAUCEN, AUF BASIS DER NUSS-
BUTTER HERGESTELLT, PASSEN ZU FLEISCH, FISCH, GEMÜSE
UND AUCH ZU SÜSSEN MEHLSPEISEN. SIE LASSEN SICH
ALLERDINGS NICHT GUT VORBEREITEN, SONDERN SOLLTEN
ERST KURZ VOR DEM SERVIEREN ZUBEREITET WERDEN. PRO
PORTION RECHNET MAN MIT CA. 30 GRAMM BUTTER.

NUSSBUTTER

Für 4 Portionen 120 g Butter in einer kleinen Kasserolle zerlassen. Bei kleiner Hitze köcheln lassen, bis der Bodensatz goldbraun ist. Darauf achten, dass die Butter nicht zu dunkel wird, sonst kann sie bitter schmecken. Ihren nussigen Geschmack erhält die Nussbutter (Beurre noisette) durch den karamellisierten Milchzucker.
Passt gut zu Fisch, aber auch zu Spargel, Spinat oder Kartoffeln.

ZITRONENBUTTER

Für 4 Portionen 120 g Butter in einer Kasserolle zerlassen und köcheln, bis der Bodensatz goldbraun ist. Mit Salz und Pfeffer aus der Mühle, ein paar Tropfen Zitronensaft sowie 1 TL Crema di Balsamico würzen. Verfeinern kann man die Sauce mit etwas Zitronenabrieb und/oder sehr fein geschnittenem Zitronenthymian. Auch fein gehackte Petersilie passt dazu. Schmeckt gut zu gebratenem oder gegrilltem Fisch oder Garnelen.

PETERSILIENBUTTER

Für 4 Portionen 120 g Butter zerlassen und köcheln, bis der Bodensatz goldbraun ist. Mit Salz und Pfeffer aus der Mühle sowie frisch geriebener Muskatnuss würzen. Vor dem Servieren 1 EL fein gehackte Petersilie unterrühren.
Passt sehr gut zu gekochten Kartoffeln, Brokkoli oder Blumenkohl.

MANDELBUTTER

Für 4 Portionen 2 EL Mandelsplitter oder Mandelblättchen in einer Pfanne ohne Fett rösten. 120 g Butter zerlassen und köcheln bis der Bodensatz goldbraun ist. Mit Salz und Pfeffer aus der Mühle würzen. Vor dem Servieren die Mandeln unterrühren.
Passt sehr gut zu Brokkoli, Blumenkohl oder grünem und weißem Spargel.

POLNISCHE NUSSBUTTER

2 Eier hart kochen, abschrecken, schälen und klein hacken. 120 g Butter zerlassen und köcheln, bis der Bodensatz goldbraun ist. 1 gehäuften EL Semmelbrösel zugeben und unter ständigem Rühren bräunen. Mit Salz und Pfeffer aus der Mühle würzen. Vor dem Servieren die gehackten Eier und 1 EL fein gehackte Petersilie unterrühren.
Passt besonders gut zu Blumenkohl oder weißem Spargel.

MOHNBUTTER

Für 4 Portionen 2 EL Mohnsamen im Mörser zerstoßen. 120 g Butter zerlassen, bis sie aufschäumt. Den Mohn, 1 EL Semmelbrösel und 1 gehäuften EL Puderzucker zugeben. Rühren, bis der Zucker sich aufgelöst hat. Mit einigen Tropfen Zitronensaft würzen.
Passt ausgezeichnet zu Dampfnudeln oder Germknödeln.

BRÖSELBUTTER

Für 4 Portionen 120 g Butter zerlassen und köcheln, bis der Bodensatz goldbraun ist. 4–5 EL Semmelbrösel zugeben und unter ständigem Rühren bräunen. Mit Salz und Pfeffer aus der Mühle würzen.
Passt gut zu Spätzle, Kartoffel- oder Semmelknödel und auch zu gekochtem Gemüse.

HASELNUSS-BRÖSEL-BUTTER

Für 4 Portionen 120 g Butter zerlassen und köcheln, bis der Bodensatz goldbraun ist. 3 EL Semmelbrösel und 3 EL gemahlene Haselnüsse dazugeben. Mit Salz, Pfeffer und etwas Thymian würzen.
Passt gut zu Spätzle oder Gnocchi.

GEMÜSESAUCEN

& Fruchtsaucen

OB ITALIENISCH, ASIATISCH ODER ORIEN-
TALISCH: DIESE WÜRZIGEN, FRUCHTIGEN
UND CREMIGEN SAUCEN SIND NICHT NUR
VEGETARISCHE ERGÄNZUNG ZU PASTA,
REIS, COUSCOUS ODER GEMÜSE, SONDERN
SCHMECKEN AUCH ZU FLEISCH UND FISCH.

GEMÜSEFOND
die vegetarische Basis

ER IST UNVERZICHTBARE GRUNDLAGE FÜR VIELE VEGETARISCHE
GERICHTE, SUPPEN UND SAUCEN, KANN ABER AUCH BEI VIELEN
REZEPTEN ANSTELLE EINES FLEISCHFONDS VERWENDET WERDEN.

Zutaten für ca. 1 ½ l

2 Zwiebeln

1 Knoblauchzehe

300 g Karotten

1 kleine Stange Lauch

5 Stangen Staudensellerie

Petersilienstiele (von 1 Bund Petersilie)

3 EL Öl

200 ml Weißwein

2 Lorbeerblätter

1 Rosmarinzweig

1 Thymianzweig

5 Pimentkörner

1 TL Pfefferkörner

Salz

Zeitbedarf
▪ 25 Minuten +
  40 Minuten kochen

So geht's

1. Die Zwiebeln und die Knoblauchzehe abziehen und in Stücke schneiden. Die Karotten schälen und grob würfeln. Den Lauch und den Staudensellerie putzen, waschen und in 2 cm breite Scheiben schneiden. Die Petersilie waschen, trocken schütteln und die Stiele abschneiden [→a]. Die Blätter anderweitig verwenden.

2. Das Öl in einem großen Topf, der alle Zutaten fasst, erhitzen. Die Zwiebeln und den Knoblauch zugeben und bei mittlerer Hitze farblos anschwitzen. Das restliche Gemüse zugeben und mit anschwitzen [→b]. Dabei ständig umrühren, damit die Zutaten nicht anbrennen.

3. Mit Weißwein ablöschen und mit 2 l kaltem Wasser auffüllen. Die Gewürze zugeben, den Fond zum Kochen bringen und ca. 40 Minuten bei kleiner Hitze köcheln lassen. Dabei immer wieder umrühren.

4. Den Fond durch ein feines Sieb oder durch ein Tuch passieren [→c] und leicht salzen. Ist der Fond noch nicht kräftig genug, weiter einkochen lassen, bis er das gewünschte Aroma hat.

5. Den Gemüsefond in gut verschließbare Gläser füllen. Im Kühlschrank lässt er sich bis zu 1 Woche aufbewahren. Portionsweise eingefroren ist er ca. 6 Monate haltbar.

GEMÜSEVIELFALT Sie können die Gemüsesorten für den Fond variieren und auch Fenchel, Tomaten, Pastinaken, Petersilienwurzel, Knollensellerie und Brokkolistiele verwenden.

[a]

DAS IST
wirklich
WICHTIG

[a] PETERSILIE Schneiden Sie die Stiele ab und verwenden Sie die abgezupften Petersilienblätter anderweitig. Kocht man die Blätter mit, werden sie grau und lassen den Fond unappetitlich aussehen.

[c] PASSIEREN Den Fond durch ein Tuch oder ein sehr feines Sieb geben und evtl. portionsweise einfrieren.

[c]

[b] GEMÜSE Schneiden Sie die Gemüse in grobe Würfel und achten Sie darauf, dass sie beim Anschwitzen keine Farbe nehmen. Nach dem Aufgießen sollte der Fond nicht länger als 1 Stunde köcheln, damit das Gemüse nicht grau wird.

[b]

AUBERGINENSAUCE
mit Tomaten

HARISSASAUCE
ein scharfer Genuss

Zutaten für ca. ½ l

1 Zwiebel

1 Knoblauchzehe

2 Auberginen (500–600 g)

4 Tomaten

4 EL Olivenöl

500 ml Gemüsefond
(siehe Seite 90)

Salz, Pfeffer aus der Mühle

1 TL Kurkuma

1/2 TL Kreuzkümmel

Zeitbedarf
- 15 Minuten +
  15 Minuten kochen

So geht's

1. Die Zwiebel und die Knob-lauchzehe abziehen. Die Zwie-bel würfeln und die Knob-lauchzehe zerdrücken. Die Auberginen waschen, schälen, in grobe Würfel schneiden. Die Tomaten einritzen, in ko-chendem Wasser kurz blan-chieren, in kaltem Wasser ab-schrecken, häuten, entkernen und in Stücke schneiden.

2. Das Olivenöl in einem Topf er-hitzen, die Zwiebeln farblos anschwitzen. Knoblauch und Auberginen zugeben und un-ter Rühren ca. 5 Minuten mit anschwitzen. Die Tomaten zu-geben, den Fond angießen, salzen und ca. 10 Minuten bei kleiner Hitze köcheln lassen.

3. Mit Pfeffer, Kurkuma und Kreuzkümmel würzen. Die Sauce vom Herd nehmen, mit dem Stabmixer mindestens 5 Minuten pürieren, damit die Sauce bindet. Gegebenenfalls noch etwas Fond nachgießen und abschmecken.

Passt sehr gut zu Nudeln, Reis oder Couscous.

Zutaten für 4 Portionen

20 g rote Chilischoten

1–2 Knoblauchzehen

30 g Schalotten

1 TL Kümmel

½ TL Kreuzkümmel

2 TL Korianderkörner

3 Blätter Minze

3 TL Olivenöl

1 EL Butter

200 ml Gemüsefond
(siehe Seite 90)

0,2 g Safran

Salz, Pfeffer aus der Mühle

etwas Zitronensaft

1 TL Speisestärke

Zeitbedarf
- 20 Minuten

So geht's

1. Die Chilischoten waschen, halbieren, Kerne und Scheide-wände entfernen, klein schneiden. Den Knoblauch abziehen. Die Schalotten abziehen und fein würfeln.

2. Die Chilischoten, Knoblauch, Kümmel, Kreuzkümmel und Koriander sowie die Minze-blätter und das Olivenöl in einem Mörser zu einer feinen Paste verarbeiten.

3. Die Butter in einem Topf zer-lassen, die Schalotten farblos anschwitzen, mit dem Fond ablöschen und den Safran zu-geben. Die Sauce mit der Ha-rissapaste, Salz, Pfeffer und ein paar Tropfen Zitronensaft scharf abschmecken.

4. Die Speisestärke in etwas kal-tem Wasser auflösen, in die Sauce einrühren und aufko-chen. Mit dem Stabmixer fein pürieren, durch ein Sieb pas-sieren und vor dem Servieren mit dem Stabmixer kurz auf-schäumen.

Passt gut zu pikanten vegeta-rischen Gerichten, zu Lamm-fleisch, Dorade oder Seeteufel. Mit der Harissapaste kann man auch sehr gut Fleisch und Fisch marinieren.

ZUM VERFEINERN Rühren Sie 1 EL gehackte eingelegte Kapern, etwas fein gehackte Minze und geröstete, gemahlene Mandeln unter und würzen Sie die Sauce mit Chiliflocken und evtl. mit etwas Rotweinessig.

RATATOUILLE-SAUCE
provenzalischer Genuss

Zutaten für ca. 250 ml

½ rote Paprikaschote

½ gelbe Paprikaschote

Salz, Pfeffer aus der Mühle

3 EL Olivenöl

1 kleine Zucchini

2 Strauchtomaten

2 Schalotten

1 EL Butter

2 Zweige Thymian

100 g Pizzatomaten
(aus der Dose)

100 g Sahne

etwas Zitronensaft

etwas Tabasco

Zeitbedarf

- 40 Minuten +
  20 Minuten kochen +
  1 Stunde trocknen

So geht's

1. Die Paprikaschoten waschen, entkernen, mit Salz und Pfeffer würzen und mit etwas Olivenöl bestreichen. Mit der Hautseite nach oben auf ein Backblech geben und im vorgeheizten Backofen bei 220 °C (Umluft 200 °C) garen, bis die Haut Blasen wirft. Mit einem feuchten Tuch bedecken, etwas abkühlen lassen, die Haut abziehen. ⅔ der Paprika in 1 cm große Rauten schneiden, den Rest beiseitestellen.

2. Die Zucchini waschen, der Länge nach in Scheiben schneiden, die Kerne entfernen und mit den Endstücken beiseitestellen. Die Zucchini ebenfalls in Rauten schneiden. Die Tomaten blanchieren, häuten, vierteln, die Kerne entfernen und beiseitestellen. Das Tomatenfleisch mit Salz und Pfeffer würzen und mit etwas Olivenöl bestreichen. Im Backofen bei 120 °C (Umluft 100 °C) ca. 1 Stunde trocknen lassen, danach ebenfalls in Rauten schneiden.

3. Die Schalotten fein würfeln, die Hälfte zusammen mit den Gemüseresten und 1 Thymianzweig in einem Topf in Butter farblos anschwitzen. Pizzatomaten und Sahne zugeben, 20 Minuten bei kleiner Hitze köcheln lassen.

4. Den Thymianzweig herausnehmen. Die Sauce im Mixer ca. 10 Minuten sämig pürieren. Mit Salz, Pfeffer, ein paar Tropfen Zitronensaft und Tabasco würzen. Die Sauce durch ein Sieb passieren.

5. Paprika und Zucchini, die restlichen Schalotten und 1 Thymianzweig im restlichen Olivenöl farblos anschwitzen, mit Salz und Pfeffer würzen. Die Tomaten zugeben. Das Gemüse auf Tellern anrichten und mit der Sauce überziehen.

Passt sehr gut zu gebratenem Fisch, zu Pasta- oder Reisgerichten.

Die Variante

Schnelle Ratatouille-Sauce
Die rohen Paprikahälften, die Zucchini und 40 g getrocknete Tomaten würfeln. 2 Schalotten abziehen, fein würfeln und mit dem Thymianzweig in Olivenöl farblos anschwitzen. Die Gemüsewürfel zugeben und kurz mitschwitzen. Die Pizzatomaten und die Sahne zugeben und 20 Minuten bei kleiner Hitze köcheln lassen. Den Thymianzweig herausnehmen und die Sauce im Mixer ca. 10 Minuten pürieren, bis sie sämig ist. Mit Salz, Pfeffer, etwas Zitronensaft und Tabasco würzen. Die Sauce durch ein Sieb passieren.

TOMATENSAUCE
mit frischen Kräutern

DER ITALIENISCHE KLASSIKER PASST NICHT NUR ZUR PASTA,
SONDERN AUCH ZU FISCH- UND FLEISCHGERICHTEN. ENTSCHEIDEND
IST DIE QUALITÄT DER TOMATEN, DIE MAN VERWENDET.

Zutaten für 4–6 Portionen

100 g Zwiebeln

2 Knoblauchzehen

1 kg Strauchtomaten

¼ Bund Basilikum

¼ Bund Petersilie

¼ Bund Oregano

2 EL Olivenöl

60 ml Rotwein

1 TL Salz

1 EL Tomatenmark

1 EL brauner Zucker

evtl. etwas Gemüsefond (siehe
Seite 90) oder Gemüsebrühe

Salz, Pfeffer aus der Mühle

1 EL kalte Butter

Zeitbedarf
▪ 15 Minuten +
  40 Minuten kochen

So geht's

1. Die Zwiebeln und den Knoblauch abziehen und fein würfeln. Die Tomaten einritzen, in kochendem Wasser ca. 15 Sekunden blanchieren, in kaltem Wasser abschrecken [→a], häuten, entkernen und in Stücke schneiden. Die Kräuter waschen, trocken schütteln und die Blätter abzupfen. Das Basilikum fein schneiden, die Petersilie und den Oregano fein hacken.

2. Das Olivenöl in einem Topf erhitzen. Zwiebeln und Knoblauch zugeben und farblos anschwitzen. Die Tomaten, den Rotwein [→b] und das Salz zugeben und 20 Minuten bei kleiner Hitze köcheln lassen. Das Tomatenmark und den Zucker unterrühren und die Sauce weitere 20 Minuten köcheln lassen. Wenn nötig, etwas Fond zugeben, damit die Tomaten nicht anbrennen.

3. Die Kräuter in die Sauce geben [→c], mit Salz und Pfeffer würzen. Die Butter unterrühren und die Sauce servieren.

Passt gut zu Pastagerichten, zu grünem Spargel, Zucchini und Auberginen, aber auch zu Hähnchen oder Schweinesteak.

SO SCHMECKT'S AUCH Die Tomatensauce lässt sich vielfältig abwandeln: einige Pilze, z. B. Champignons, mit anschwitzen; oder Speckwürfel anbraten, bevor man die Zwiebeln dazugibt.
Pikante Variante: Schwitzen Sie mit Zwiebeln und Knoblauch noch ½ rote Chilischote und 2–3 fein gehackte Anchovisfilets an, bevor Sie die Tomaten zugeben. Abgerundet wird das Ganze mit fein gehackten grünen oder schwarzen Oliven oder Kapern. Auch Thunfisch aus der Dose und einige Kapern, kurz vor dem Servieren zugegeben, sind eine schmackhafte Variante.
Scharfe Variante: Sehr würzig wird die Sauce, wenn man 2 scharfe grüne Chilischoten, fein gehackt, zugibt und die angegebenen Kräuter durch gehackte Korianderblätter ersetzt.

[c] KRÄUTER Geben Sie die fein geschnittenen und gehackten Kräuter erst kurz vor dem Servieren in die Sauce. Vor allem Basilikum wird schnell grau.

DAS IST
wirklich
WICHTIG

[a] TOMATEN HÄUTEN Bei Saucen, die nicht passiert werden, sollte man die Tomaten in kochendem Wasser blanchieren und häuten, denn Hautstücke stören den Genuss der feinen Sauce. Wichtig ist, wirklich reife Strauchtomaten zu verwenden. Als Alternative können Sie durchaus auch gute geschälte Tomaten aus der Dose nehmen.

[b] FLÜSSIGKEIT Wenn der Saft der Tomaten und der Rotwein als Flüssigkeit für die Sauce nicht ausreichen, weil sie zu stark einkocht, gießen Sie etwas Fond oder Brühe an. Immer wieder umrühren, damit nichts am Topfboden ansetzt.

[c]

TOMATENSAUCE
mit Oregano

Zutaten für 4 Portionen

- 50 g Zwiebeln
- 2 Knoblauchzehen
- 1 kleine Karotte
- 50 g Stangensellerie
- 1 EL Butter
- 1 EL Tomatenmark
- 1 TL Oregano
- 1 Lorbeerblatt
- 5 Wacholderbeeren
- 1 EL Mehl
- 100 g gehackte Pizzatomaten (aus der Dose)
- 400 ml Gemüsefond (siehe Seite 90)
- Salz, Pfeffer aus der Mühle
- 1 Prise Zucker
- etwas Tabasco

Zeitbedarf
- 25 Minuten + 30 Minuten kochen

So geht's

1. Die Zwiebeln abziehen und fein würfeln. Den Knoblauch abziehen und halbieren. Die Karotte schälen, den Sellerie putzen und waschen, beides in Würfel schneiden.

2. Die Butter in einem Topf zerlassen, Zwiebeln, Knoblauch, Karotten und Sellerie farblos anschwitzen. Tomatenmark, Oregano und Gewürze zugeben und mit anschwitzen. Mit Mehl bestäuben, gut verrühren und die Pizzatomaten sowie den Fond zugeben.

3. Die Sauce mindestens 30 Minuten bei kleiner Hitze köcheln lassen. Dabei immer wieder mit einem Spatel umrühren und darauf achten, dass die Sauce nicht anbrennt.

4. Die Sauce im Mixer ca. 10 Minuten pürieren, bis sie sämig ist, mit Salz, Pfeffer, einer Prise Zucker und ein paar Tropfen Tabasco würzen. Durch ein feines Sieb passieren. Sollte die Sauce zu dickflüssig sein, noch etwas Fond zugeben.

Passt sehr gut zu Pastagerichten, Gemüse oder hellem Fleisch.

TOMATENSAUCE
mit grünen Tomaten

Zutaten für 4–6 Portionen

- 100 g Zwiebel
- 1 Knoblauchzehe
- 1 Stück (2 cm) Ingwer
- 750 g grüne Tomaten
- 1 EL Olivenöl
- 1 TL gem. Kreuzkümmel
- 1 TL gem. Koriander
- 1 TL Kurkuma
- 1 Prise Zimt
- 80 ml Wasser
- 125 ml Weißweinessig
- 100 g brauner Zucker
- Salz und Pfeffer

Zeitbedarf
- 15 Minuten + 1 Stunde kochen

So geht's

1. Die Zwiebeln und den Knoblauch abziehen und fein würfeln. Den Ingwer schälen und fein reiben, die Menge sollte ca. 1 EL ergeben. Die Tomaten einritzen, kurz in kochendem Wasser blanchieren, in kaltem Wasser abschrecken, häuten, entkernen und in Stücke schneiden.

2. Das Olivenöl in einem Topf erhitzen. Zwiebeln, Knoblauch, Ingwer und Gewürze farblos anschwitzen, die Tomaten und das Wasser zufügen. Zugedeckt 30 Minuten bei kleiner Hitze köcheln lassen, immer wieder umrühren. Evtl. etwas Wasser zugeben.

3. Die Sauce mit dem Stabmixer fein pürieren, durch ein Sieb passieren und wieder in den Topf geben. Essig und Zucker zufügen, ca. 30 Minuten bei kleiner Hitze ohne Deckel köcheln lassen, bis sie die gewünschte Konsistenz hat. Mit Salz und Pfeffer würzen. Heiß abgefüllt und gut verschlossen ist die Sauce mehrere Wochen haltbar.

Warm passt sie sehr gut zu Pastagerichten, Zucchinigemüse oder hellem Fleisch, kalt zu Nudel- oder Reissalat.

SO SCHMECKT'S AUCH Wenn Sie die Sauce mit 1–2 EL Sahne verfeinern, wird sie schön cremig. Für Fleischgerichte ersetzen Sie den Gemüsefond durch hellen Grundfond.

TOMATENSAUCE
all'arrabbiata

Zutaten für 4 Portionen

- 50 g Zwiebeln
- 1 Knoblauchzehe
- 1 rote Paprikaschote
- 1 Peperoni
- 2 Strauchtomaten
- 2 Stängel Basilikum
- 20 g Butter
- 4 EL Olivenöl
- 20 g Mehl
- 400 g Pizzatomaten
- Salz, Pfeffer aus der Mühle
- Sambal Oelek

Zeitbedarf
- 15 Minuten +
  25 Minuten kochen

So geht's

1. Die Zwiebeln abziehen und fein würfeln, Knoblauchzehe abziehen und halbieren. Die Paprikaschote waschen, putzen, entkernen, in 1 cm große Würfel schneiden. Die Peperoni waschen und fein würfeln. Die Tomaten blanchieren, häuten, entkernen und in 5 mm große Würfel schneiden. Basilikumblätter abzupfen, fein schneiden, die Stiele beiseite legen.

2. Butter und 2 EL Olivenöl erhitzen, Zwiebeln und Knoblauch farblos anschwitzen. Mit Mehl bestäuben und gut verrühren. Die Pizzatomaten zugeben, ca. 15 Minuten bei kleiner Hitze köcheln, dabei umrühren, damit die Sauce nicht anbrennt.

3. Paprika, Peperoni und Basilikumstiele in 2 EL Olivenöl farblos anschwitzen, zur Tomatensauce geben. Ca. 10 Minuten bei kleiner Hitze köcheln, bis die Paprikawürfel gar sind. Basilikumstiele und Knoblauch herausnehmen.

4. Die Sauce mit Salz, Pfeffer und Sambal Oelek würzen. Tomatenwürfel und Basilikum zugeben.

Passt zu Pastagerichten, zu hellem Geflügel, Schweinefleisch, grünem Spargel, zu Zucchini und Auberginen.

TOMATENSCHAUM
ganz in Weiß

Zutaten für 4 Portionen

- 1 kg reife Strauchtomaten
- 2 Schalotten
- 1 EL Butter
- 1 EL heller Aceto balsamico
- 100 ml Noilly Prat
- 200 g Sahne
- 1 EL Crème fraîche
- 20 g kalte Butter
- evtl. etwas Speisestärke
- Salz, weißer Pfeffer aus der Mühle
- 1 Prise Zucker

Zeitbedarf
- 40 Minuten +
  1 Tag abtropfen

So geht's

1. Am Vortag die Tomaten waschen, vierteln, im Mixer fein pürieren. Über einer Schüssel in ein Passiertuch geben, die 4 Enden mit Bindfaden zusammenbinden, so dass noch ca. 20 cm Schnur am Tuch sind. Im Kühlschrank aufhängen, die Schüssel mit Abstand darunterstellen, dass die Flüssigkeit abtropfen kann. Nicht ausdrücken, damit keine roten Farbanteile in die Flüssigkeit kommen!

2. Die Schalotten abziehen, in Scheiben schneiden und in Butter anschwitzen. Mit Essig ablöschen, köcheln lassen, bis die Flüssigkeit verdampft ist. Noilly Prat und 300 ml des weißen Tomatensafts angießen, auf die Hälfte einkochen.

3. Sahne und Crème fraîche zugeben und um $\frac{1}{3}$ einkochen. Die Butter mit dem Stabmixer unterrühren.

4. Die Sauce gegebenenfalls mit etwas in kaltem Wasser aufgelöster Speisestärke binden, aufkochen lassen. Durch ein feines Sieb passieren, mit Salz, Pfeffer und Zucker abschmecken.

Passt gut zu pochiertem Fisch, zu Artischockengerichten oder mit geriebenem Käse zu Pasta.

KAROTTENSAUCE
mit mildem Curry

DIESE ASIATISCH INSPIRIERTE SAUCE PASST SEHR GUT ZU
GEBRATENEM FISCH, HELLEM FLEISCH ODER ZU VEGETARISCHEN
GERICHTEN WIE Z. B. ZU GESCHMORTEM FENCHEL.

Zutaten für 4 Portionen

1 kg Karotten oder 400 ml
Karottensaft und 200 g Karotten

5 Blätter Melisse

1 Zitrone

1 Orange

1 TL milder Curry

1 Msp. gemahlener Kümmel

1 Prise Zimt gemahlen

2 Nelken

1 Msp. Sambal Oelek

2 EL Butter

Salz, Pfeffer aus der Mühle

1 TL Zucker

1 EL Joghurt oder Sahne

Zeitbedarf
▪ 15 Minuten +
  25 Minuten kochen

So geht's

1. Die Karotten schälen. 2 Karotten (ca. 200 g) zunächst in feine Scheiben, dann in streich-holzgroße Streifen schneiden [→a]. Die restlichen Karotten entsaften. Die Melisseblätter waschen und trocken schütteln. Die Zitrone und die Orange auspressen.

2. Den Karottensaft (entsaftet oder gekauften Karottensaft) in einen Topf geben und zur Hälfte einkochen lassen. Curry, Kümmel, Zimt, Nelken, Melisseblätter, Sambal Oelek sowie den Orangen- und Zitronensaft zugeben, 10 Minuten bei kleiner Hitze köcheln lassen und anschließend durch ein Sieb passieren.

3. 1 EL Butter in einer Pfanne zerlassen, bis sie aufschäumt. Die Karottenstreifen zuge-ben und anschwitzen. Mit Salz und Pfeffer würzen und den Zucker zugeben [→b]. Sobald der Zucker zu karamellisieren beginnt, die Karottensauce angießen und so lange kö-cheln lassen, bis die Karottenstreifen gar sind.

4. Ist die Sauce noch zu dünn, eventuell mit etwas in kaltem Wasser angerührter Speise-stärke abbinden und aufkochen lassen. Vor dem Servieren die restliche kalte Butter un-terrühren und die Sauce mit Joghurt oder Sahne verfeinern. Da Joghurt in der heißen Sauce ausflockt, mit dem Stabmixer einen Teil der Sauce mit Joghurt aufschäumen und dann zur restlichen Sauce geben.

SO SCHMECKT'S AUCH Wollen Sie die Sauce zu Hähnchenbrust servieren, können Sie das Fleisch auch in der Sauce zubereiten: Die Hähnchenbrust würzen, in Butter anbraten und in der Sauce fertig garen. Diese bekommt mehr Kraft, und das Fleisch bleibt saftig. Auf diese Weise lässt sich auch Fischfilet zubereiten.

[a]

DAS IST *wirklich* WICHTIG

[a] SCHNEIDEN Die Karotten mit einem scharfen Messer in sehr feine Streifen schneiden, das verstärkt den Geschmack der Sauce.

[b] KARAMELLISIEREN Entscheidend für den Geschmack der Sauce ist das Karamellisieren der feinen Karottenstreifen. Der Karamell darf auf keinen Fall anbrennen, daher ständig rühren. Achten Sie auch darauf, dass er sich nach dem Angießen der Flüssigkeit vollständig auflöst.

GOLDGELB SOLL DER KARAMELL SEIN VOR DEM ANGIESSEN.

[b]

CURRYSAUCE
mit grünem Curry

Zutaten für 4 Portionen

2 Schalotten

2 Knoblauchzehen

1 Stange Zitronengras

1 TL Ingwer

¼ Bund Koriander

100 g Blattspinat

40 ml Sesamöl

1 EL grüner Curry

40 ml Noilly Prat

100 ml Gemüsefond (siehe Seite 90) oder Geflügelfond (siehe Seite 48)

100 ml cremige Kokosmilch

Salz, Pfeffer aus der Mühle

1 Prise Zucker

Zeitbedarf
- 30 Minuten +
  30 Minuten kochen

So geht's

1. Die Schalotten abziehen und fein würfeln. Den Knoblauch abziehen und halbieren. Das Zitronengras der Länge nach halbieren. Den Ingwer schälen und fein würfeln. Den Koriander waschen, trocken schütteln und die Blätter abzupfen. Den Spinat in kochendem Wasser kurz blanchieren, in kaltem Wasser abschrecken, abtropfen lassen, mit dem Stabmixer pürieren.

2. Das Sesamöl in einem Wok erhitzen. Schalotten, Knoblauch, Zitronengras und Ingwer farblos anschwitzen. Curry einstreuen, Noilly Prat, Fond und Kokosmilch angießen, aufkochen und ein paar Minuten bei kleiner Hitze köcheln lassen. Die Sauce durch ein Sieb passieren.

3. Kurz vor dem Servieren Spinat und Koriander zugeben, mit Salz, Pfeffer und Zucker würzen. Mit dem Stabmixer kurz pürieren.

Passt zu gebratenem Fisch, Jakobsmuscheln, Reisgerichten, hellem Fleisch und Wokgemüse.

CURRYSAUCE
mit Chili

Zutaten für 4 Portionen

3 Schalotten

1 rote Chilischote

1 Stück Ingwer (ca. 1,5 cm)

½ TL Koriandersamen

1 TL Kurkuma

1 Msp. gem. Kreuzkümmel

2 EL Erdnussöl

200 ml Kokosmilch

½ l Gemüsefond (siehe Seite 90)

½ TL Zucker

1 TL Zitronensaft

1–2 EL Fischsauce

Salz

Zeitbedarf
- 25 Minuten

So geht's

1. Die Schalotten abziehen und fein würfeln. Die Chilischote waschen, der Länge nach halbieren, die Kerne und Scheidewände entfernen und sehr fein würfeln. Den Ingwer schälen und sehr fein würfeln.

2. Diese Zutaten sowie den Koriandersamen, das Kurkuma und den Kreuzkümmel entweder im Mörser fein zerstampfen oder mit dem Stabmixer pürieren.

3. Das Öl im Wok oder in einer Pfanne erhitzen. Die Paste zugeben und leicht rösten. Die Kokosmilch und den Fond zugeben und die Sauce bei kleiner Hitze köcheln lassen, bis sie sämig ist.

4. Die Sauce mit Zucker, Zitronensaft, Fischsauce und Salz abschmecken.

Passt gut zu Huhn, Reis, Fisch. Das Fleisch oder das Fischfilet können auch in der Sauce gegart werden.

MIT GEMÜSEEINLAGE 100 g Karotten und 100 g Kaiserschoten in streichholzgroße Streifen schneiden und in der Sauce ein paar Minuten bissfest garen.

CURRYSAUCE
mit Früchten

Zutaten für 4 Portionen

50 g Zwiebeln

100 g Früchte (zu gleichen Teilen Banane, Ananas, Apfel)

50 g Butter

20 g milder Curry

30 g Mehl

100 g Sahne oder Kokosmilch

1 EL Sauerrahm

300 ml Gemüsefond (siehe Seite 90) oder heller Fond (siehe Seite 48)

2 EL Mango-Chutney (siehe Seite 126 oder aus dem Glas)

Salz, Pfeffer aus der Mühle

Sambal Oelek

1 EL geschlagene Sahne

Zeitbedarf
- 20 Minuten +
  20 Minuten kochen

So geht's

1. Die Zwiebeln abziehen und fein würfeln. Die Früchte gegebenenfalls schälen und klein schneiden.

2. Die Butter in einem Topf zerlassen, die Zwiebeln farblos anschwitzen. Den Curry einstreuen und mit anschwitzen. Mit dem Mehl bestäuben und gut verrühren. Darauf achten, dass die Sauce nicht anbrennt. Sahne oder Kokosmilch, Sauerrahm und Fond unter ständigem Rühren angießen. Die Früchte und das Mango-Chutney zugeben.

3. Die Sauce 20 Minuten bei kleiner Hitze köcheln lassen, immer wieder mit einem Spatel umrühren.

4. Die Sauce mit dem Stabmixer pürieren, bis sie sämig ist. Durch ein mittelfeines Sieb passieren, mit Salz, Pfeffer und Sambal Oelek würzen. Die geschlagene Sahne unterheben und die Sauce mit dem Stabmixer aufschäumen.

Passt zu Reis, Huhn, Putengeschnetzeltem, Schweinegeschnetzeltem, hellem Fleisch.

CURRYSAUCE
mit Kokosmilch

Zutaten für 4 Portionen

2 Schalotten

1 Limone

2 EL Öl

1 TL milder Curry

½ TL gem. Koriander

½ TL rote Currypaste

200 ml Gemüsefond (siehe Seite 90)

200 ml ungesüßte cremige Kokosmilch

2 Stück Würfelzucker

1 EL Chili-Ketchup

1 TL Puderzucker

Salz, Pfeffer aus der Mühle

Zeitbedarf
- 30 Minuten

So geht's

1. Die Schalotten abziehen und fein würfeln. Die Limone gründlich mit heißem Wasser abspülen.

2. Das Öl in einem Topf erhitzen. Die Schalotten zugeben und farblos anschwitzen. Den Curry, den Koriander und die Currypaste zugeben und mit anschwitzen. Mit dem Fond ablöschen und etwas auf die Hälfte einkochen. Die Kokosmilch angießen und so lange einkochen, bis die gewünschte Konsistenz erreicht ist.

3. Die Limonenschale mit den Zuckerwürfeln in die Sauce reiben (siehe Seite 147). Die Sauce mit dem Stabmixer pürieren, durch ein Sieb passieren und mit Chili-Ketchup, Puderzucker sowie Salz und Pfeffer würzen. Mit etwas Limonensaft abschmecken.

4. Vor dem Servieren die Sauce mit dem Stabmixer kurz aufschäumen.

Passt sehr gut zu hellem Geflügelfleisch, zu Reisgerichten oder zu Gemüse wie z. B. Blumenkohl.

SO SCHMECKT'S AUCH Sie können die frischen Früchte durch Cocktailfrüchte aus der Dose ersetzen. Durch den Fruchtsirup wird die Sauce etwas süßlicher.

ORANGENSAUCE
mit Pilzen

SIE MUSS LANGE VOR SICH HINKÖCHELN, ABER DAS ERGEBNIS IST EINE
KÖSTLICHE SAUCE, DIE BESONDERS GUT ZU KALBFLEISCH PASST.

Zutaten für 6 Portionen

2 Orangen

60 g Schalotten

100 g helles Wurzelgemüse

2 Strauchtomaten

3 Stängel glatte Petersilie

100 g Pilze (z. B. Pfifferlinge)

30 g Pinienkerne

1 EL getrocknete Tomaten

3 EL Butter

100 ml Weißwein

100 ml frisch gepresster
Orangensaft

½ l heller Fond (siehe Seite 48)

1 Lorbeerblatt

6 Wacholderbeeren

10 Pfefferkörner

1 EL Butterschmalz

1 EL Kapern

1 TL Speisestärke

Salz, Pfeffer aus der Mühle

Zeitbedarf
▪ 30 Minuten +
  2 Stunden trocknen +
  2 Stunden kochen

So geht's

1. Den Backofen auf 120 °C (Umluft 100 °C) vorheizen.

2. Die Orangen schälen und filetieren [→a]. Ein Backblech mit Backpapier auslegen.
   12 Filets darauf geben und 2 Stunden im Ofen trocknen.

3. Die Schalotten abziehen und fein würfeln. Das Wurzelgemüse, z. B. Knollensellerie,
   Pastinaken und Petersilienwurzel, schälen und fein würfeln. Die Tomaten waschen und
   in kleine Stücke schneiden. Die Petersilie waschen, trocken schütteln, die Blätter abzupfen und fein hacken; die Stiele beiseite legen. Die Pilze putzen und gegebenenfalls
   in Scheiben schneiden. Die Pinienkerne in einer Pfanne ohne Fett rösten. Die getrockneten Tomaten fein würfeln.

4. 1 EL Butter in einem Topf zerlassen, bis sie aufschäumt. 20 g Schalotten und das
   Wurzelgemüse zugeben und farblos anschwitzen. Mit Weißwein und Orangensaft ablöschen, auf die Hälfte einkochen lassen und den Fond angießen. Die Tomaten, die
   Kräuterstiele und die Gewürze zugeben. Die Sauce 2 Stunden bei kleiner Hitze langsam
   köcheln lassen und dabei auf die Hälfte einkochen. Durch ein feines Sieb passieren und
   beiseit stellen.

5. 1 EL Butter in einem Topf zerlassen, bis sie aufschäumt. Die restlichen Schalotten,
   die Pilze und die getrockneten Tomaten zugeben und farblos anschwitzen. Die Orangenfilets und die Kapern zugeben, die Sauce angießen und kurz aufkochen [→b].

6. Die Sauce durch ein Sieb passieren. Mit in etwas kaltem Wasser angerührter Speisestärke leicht binden, aufkochen, mit Salz und Pfeffer würzen, die restliche Butter zugeben und mit dem Stabmixer aufschäumen.

7. Die Einlage aus dem Sieb (Orangenfilets, Pilze etc.) mit dem Fleisch anrichten und die
   Sauce darübergießen.

Passt besonders gut zu Kalbfleisch, z. B. Kalbsteaks.

DAS IST *wirklich* WICHTIG

[a] FILETIEREN Schälen Sie die Orangen sorgfältig, so dass keine weiße Haut zurückbleibt, und schneiden Sie dann die Filets mit einem sehr scharfen Messer heraus. Die Trennwände müssen stehen bleiben. Danach die Filets im Ofen trocknen, damit sie etwas Säure verlieren und nicht so leicht zerfallen.

[b]

[b] EINKOCHEN Diese Sauce muss zweimal einkochen, damit sie ihr konzentriertes Aroma erhält. Und sie wird zum Schluss nochmal mit den Orangenfilets, Pilzen und Kapern aufgekocht, damit sie den Geschmack dieser Zutaten aufnehmen kann.

[a]

ORANGENSAUCE
mit Basilikum

Zutaten für 4 Portionen

2 Saftorangen

40 g Schalotten

½ Bund Basilikum

1 EL Butter

100 ml Noilly Prat

200 ml Gemüsefond (siehe Seite 90) oder heller Fond (siehe Seite 48)

200 g Sahne

1 EL Crème fraîche

Salz, weißer Pfeffer aus der Mühle

etwas Zitronensaft

1 EL kalte Butter oder etwas Speisestärke

Zeitbedarf

- 15 Minuten +
  20 Minuten kochen

So geht's

1. Die Orangen auspressen. Die Schalotten abziehen und fein würfeln. Das Basilikum waschen, trocken schütteln, die Blätter abzupfen und fein hacken. Die Stiele beiseitelegen.

2. 1 EL Butter in einem Topf zerlassen, de Schalotten und die Basilikumstiele farblos anschwitzen. Mit Noilly Prat ablöschen und auf ¼ einkochen. Den Orangensaft und den Fond angießen und wiederum auf ¼ einkochen. Die Sahne und die Crème fraîche unterrühren und die Sauce noch ca. 10 Minuten bei kleiner Hitze einköcheln lassen, bis sie kräftig schmeckt.

3. Mit Salz, Pfeffer sowie ein paar Tropfen Zitronensaft würzen. Die Basilikumstängel herausnehmen, die Sauce mit dem Stabmixer pürieren und durch ein Sieb passieren.

4. Vor dem Servieren die Butter zugeben oder die Sauce mit etwas in kaltem Wasser aufgelöster Speisestärke binden. Aufkochen, Basilikum dazugeben und mit dem Stabmixer aufschäumen.

Passt sehr gut zu Zanderfilet, zu pochierter Hähnchenbrust oder zu geschmortem Chicorée.

PFLAUMENSAUCE
mit Aprikosen

Zutaten für ca. 500 ml

200 g getrocknete Soft-Aprikosen

125 ml Weißweinessig

2 kleine Äpfel (ca. 400 g)

300 g rote Pflaumen

1 rote Chilischote

100 g brauner Rohrzucker

2 Sternanis

½ TL chinesisches Fünf-Gewürze-Pulver

3 EL helle oder dunkle Sojasauce

Zeitbedarf

- 15 Minuten +
  45 Minuten kochen

So geht's

1. Die Aprikosen im Weißweinessig einweichen. Die Äpfel schälen, das Kerngehäuse entfernen und das Fruchtfleisch würfeln. Die Pflaumen waschen, mit dem Sparschäler oder einem scharfen Messer die Haut abschälen, den Kern entfernen und das Fruchtfleisch vierteln. Die Chilischote waschen, halbieren, die Kerne und Scheidewände entfernen, die Schote klein schneiden.

2. Alle Zutaten mit dem Zucker, dem Sternanis, dem Einweichessig und 100 ml Wasser in einen Topf geben und 45 Minuten bei kleiner Hitze köcheln lassen. Gegebenenfalls etwas Wasser nachgießen.

3. Den Sternanis entfernen, die Sauce mit dem Stabmixer pürieren, mit dem Gewürzpulver und der Sojasauce würzen.

Passt – warm oder auch kalt serviert – gut zu Geflügel, besonders zu gebratener Ente, Entenbrust oder Gänsebraten.

LIMETTENSAUCE
mit Wein

Zutaten für 4 Portionen

2 rote Zwiebeln

1 Knoblauchzehe

½ Bund glatte Petersilie

2 Stängel Minze

½ l trockener Rotwein

1 Lorbeerblatt

30 g kalte Butter

3 EL Olivenöl

ca. 3 EL Limettensaft

Salz, Pfeffer aus der Mühle

1 Msp. Cayennepfeffer

Zeitbedarf
▪ 25 Minuten

So geht's

1. Die Zwiebeln abziehen und fein würfeln. Den Knoblauch abziehen und leicht andrücken. Die Petersilie und die Minze waschen, trocken schütteln, die Blätter abzupfen und fein hacken.

2. Den Rotwein, die Zwiebeln, den Knoblauch und das Lorbeerblatt in einen Topf geben, zum Kochen bringen und so lange bei kleiner Hitze köcheln lassen, bis die Flüssigkeit auf die Hälfte eingekocht ist. Die Butter, das Olivenöl und den Limettensaft einrühren. Die Kräuter zugeben.

3. Die Sauce mit Salz, Pfeffer und Cayennepfeffer würzen. Vor dem Servieren die Knoblauchzehe und das Lorbeerblatt entfernen.

Passt sehr gut zu gebratenen oder gegrillten Steaks.

APFELSAUCE
mit Cidre

Zutaten für 4 Portionen

1 Schalotte

700 g Äpfel

50 g gesalzene Butter

25 g Zucker

1 Msp. Zimt

300 ml Cidre

100 g Crème double

Salz, Pfeffer aus der Mühle

1 Msp. gem. Ingwer

1 TL Zitronensaft

Zeitbedarf
▪ 25 Minuten

So geht's

1. Die Schalotte abziehen und fein würfeln. Die Äpfel schälen, das Kerngehäuse entfernen und das Fruchtfleisch in feine Scheiben schneiden.

2. Die Butter in einem Topf zerlassen, den Zucker zugeben und goldgelb karamellisieren. Die Schalotten und die Äpfel zugeben, mit Zimt bestreuen und anschwitzen. Den Cidre angießen und so lange bei kleiner Hitze köcheln lassen, bis die Äpfel weich sind. Die Crème double unterrühren und die Sauce durch ein Sieb passieren.

3. Die Sauce mit Salz und Pfeffer würzen, mit Ingwer und Zitronensaft abschmecken.

Passt gut zu Schweine- oder Kalbskotelett, zu Kalbs- und Schweinebraten, zu gebratener Ente sowie zu gebratenem oder gegrilltem hellem Geflügel.

APFELWEIN Den Cidre für die Sauce können Sie sowohl in der süßen als auch in der herben Variante verwenden. Mögen Sie Sultaninen, legen Sie 25 g in 4 EL Calvados ein und geben diese dann unter die Sauce.

WÜRZSAUCEN

& aromatisierte Öle

AUS GEMÜSE UND FRÜCHTEN KANN MAN DURCH REDUZIEREN FEINE KONZENTRATE ZUBEREITEN, DIE DEN GESCHMACK VON FLEISCH, FISCH UND GEMÜSE INTENSIVIEREN. AUCH ÖLE, MIT KRÄUTERN ODER GEWÜRZEN AROMATISIERT, SIND VIELSEITIG EINSETZBAR, SIE VERFEINERN NICHT NUR SAUCEN, SONDERN KÖNNEN DIESE OFT AUCH ERSETZEN. WÜRZÖLE HALTEN SICH, GUT VERSCHLOSSEN UND KÜHL AUFBEWAHRT, CA. 3 MONATE.

ORANGEN-VANILLE-ÖL

150 ml frisch gepressten Orangensaft mit ½ Vanilleschote (mit ausgekratztem Mark und Schote), etwas Orangenschale (von einer Bio-Orange und möglichst ohne weiße Haut) und 3 Kardamomkapseln sirupartig einköcheln lassen. Die Gewürze evtl. entfernen und den Sirup mit 120 ml Olivenöl vermischen. Schmeckt gut zu Fisch und Krustentieren.

CURRY-VANILLE-ÖL

200 ml Pflanzenöl mit 1 EL Currypulver und ½ Vanilleschote in einem Topf auf ca. 80 °C erhitzen. Ca. 30 Minuten ziehen lassen, dann durch ein feines Sieb passieren. Die Vanilleschote auskratzen und das Mark zum Öl geben. Abkühlen lassen und in eine Flasche abfüllen.
Passt gut zu Krustentieren, Fisch und asiatischen Salaten.

BASILIKUMÖL

Von ¼ Bund glatter Petersilie und ½ Bund Basilikum die Blättchen abzupfen. Petersilie mit ⅛ l Olivenöl mixen, mit Salz und Pfeffer würzen, erst zum Schluss das Basilikum zugeben und kurz mixen. Anstelle von Basilikum kann man auch ½ Bund Koriander verwenden oder nur 1 Bund glatte Petersilie nehmen.
Passt gut zu Tomaten, zu Fisch, Geflügel und hellem Fleisch.

BALSAMICO-REDUKTION

1 TL Zucker in einem Topf karamellisieren, mit einem Schuss Johannisbeersaft oder Traubensaft ablöschen. 100 ml Balsamico dazugeben und bei schwacher Hitze sirupartig einkochen lassen. Oder: 100 ml Balsamico mit 3 EL Madeira und 3 EL Portwein sirupartig einkochen lassen.
Verfeinert Gemüse, Fisch-, Fleisch- und Geflügelgerichte und auch manche Desserts, z. B. Vanilleeis, Fruchtsalat, Beeren.

MINZSAUCE

100 ml Weißwein oder Apfelessig mit 40 g Zucker in einem kleinen Topf einkochen lassen, bis nur noch 1–2 EL Flüssigkeit übrig bleiben. 2 Bund Minze waschen, die Blättchen von den Stielen zupfen und grob hacken. Mit 1 kleinen Schöpfkelle kochendem Wasser übergießen. Die Reduktion zufügen und pürieren. Durch ein feines Sieb streichen, mit Salz und Pfeffer abschmecken.
Passt sehr gut zu kaltem oder warmem Lammbraten, aber auch zu Zickleinfleisch.

CHORIZO-PAPRIKA-JUS

200 g Chorizo in Scheiben schneiden und in etwas Olivenöl anbraten. 2 Schalotten und 2 Knoblauchzehen abziehen, würfeln und dazugeben. 2 rote Paprikaschoten halbieren, entkernen und würfeln, ebenfalls dazugeben, mit 20 g Paprikapulver bestäuben und vorsichtig rösten. 5 geschälte Dosentomaten pürieren und dazugießen. Die Sauce langsam einköcheln lassen, bis sie sirupartig ist, dann durch ein Sieb passieren.
Passt gut zu hellem und dunklem Fleisch.

PAPRIKAREDUKTION

500 g rote Paprikaschoten putzen, würfeln und mit 3–4 EL Wasser im Mixer pürieren. Durch ein feines Sieb in einen kleinen Topf streichen. Mit 20 g braunem Zucker und 2 EL Weißweinessig verrühren und etwas einkochen lassen. Mit Salz und Pfeffer würzen.
Passt gut zu gebratenem Fisch oder auch zu Geflügel.

CUMBERLANDSAUCE

1 Zitrone und 1 Orange dünn schälen, auch die weiße Haut vollständig entfernen. Die Schalen in 1–2 cm lange sehr feine Streifen schneiden, in kochendem Wasser 5 Minuten blanchieren. In einem Topf 4 EL Johannisbeergelee und 60 ml Portwein erhitzen. 1 Msp. englisches Senfpulver und 1 Msp. gemahlenen Ingwer mit etwas Zitronensaft anrühren und das Gelee damit würzen. Die Orange auspressen und den Saft zur Sauce geben. 10 Minuten leicht köcheln lassen, dabei mehrmals umrühren, damit die Sauce nicht anbrennt.
Passt sehr gut zu Rehbraten, kaltem Roastbeef, zu Terrinen und Pasteten.

KALTE SAUCEN

mit Essig & Öl

PIKANTE VINAIGRETTE, CREMIGE MAYONNAISE, WÜRZIGES PESTO UND FRUCHTIGES CHUTNEY – SIE SIND DIE PERFEKTE ERGÄNZUNG FÜR SALATE, GEMÜSE, FLEISCH, FISCH ODER PASTA.

VINAIGRETTE
nicht nur für Salate

DIE KLASSISCHE SAUCE AUS ESSIG UND ÖL IST DER IDEALE BEGLEITER
FÜR FEINE BLATTSALATE UND LÄSST SICH GANZ EINFACH MIT KRÄUTERN,
GEWÜRZEN UND PIKANTEN ZUTATEN VARIIEREN.

Zutaten für 200 ml

50 ml Essig (z. B. Weißweinessig, Aceto balsamico)

150 ml Öl (z. B. Sonnenblumenöl, Maiskeimöl, Olivenöl)

Salz, Pfeffer aus der Mühle

evtl. 2–3 EL Kräuter (Schnittlauch, Petersilie, Kerbel, Estragon)

Zeitbedarf
- 5 Minuten

So geht's

1. In einer Schüssel 1 Prise Salz mit dem Essig verrühren, bis das Salz sich vollständig aufgelöst hat, dann etwas frisch gemahlenen Pfeffer dazugeben.

2. Das Öl in dünnem Strahl unter ständigem Rühren zugießen und mit dem Schneebesen zu einer Emulsion aufschlagen [→a]. Man kann für eine Vinaigrette neutrales Pflanzenöl, wie z. B. Sonnenblumen-, Raps- oder Maiskeimöl verwenden. Und man kann diese Öle auch mit aromatischen, geschmacksintensiven Sorten wie Nussölen, kalt gepressten Olivenölen oder, für einen asiatischen Touch, mit Sesamöl mischen.

3. Evtl. zum Schluss fein gehackte Kräuter [→b] unter die Vinaigrette rühren. Immer erst kurz vor dem Servieren mit den gewaschenen und trocken geschleuderten Salatblättern mischen. In eine Flasche oder ein Schraubglas abgefüllt, lassen sich Reste der Vinaigrette gut im Kühlschrank aufbewahren [→c] und sind bei Bedarf, gut geschüttelt, sofort einsatzbereit.

Die Varianten

Roquefort-Dressing
100 g Roquefort zerdrücken, mit 100 g Sahne oder Joghurt, 1 EL Weißwein, 1 EL Limettensaft und 2 EL Öl verrühren. Mit Salz und Pfeffer abschmecken. Passt gut zu rohen Gemüsesticks oder gegrilltem Schweinefleisch.

Joghurt-Dressing
100 g Joghurt, 50 g Schmand, 2 EL gehackte Kräuter und den Saft von Zitrone verrühren, 2 EL Olivenöl untermixen. Mit Salz und Pfeffer abschmecken. Passt zu allen Blattsalaten, zu rohem und gekochtem Gemüse, gegrilltem Fisch und Fleisch.

Reiswein-Vinaigrette
80 ml Reiswein gut mit 100 ml Erdnussöl verrühren, 1 TL sehr fein gewürfelte rote Chilischote und 1 EL fein gewürfelte Schalotten zugeben. Mit Salz und Pfeffer würzen und kurz vor dem Servieren 1 TL fein gehackten Koriander unterrühren. Passt sehr gut zu asiatischem Gemüsesalat.

SO SCHMECKT'S AUCH Das klassische Mischungsverhältnis ist 1 Teil Essig und 3 Teile Öl. Ich verwende aber gerne einen sehr milden Essig und mische dann im Verhältnis 1:2. Essig lässt sich auch durch Zitrussäfte (Zitrone, Limette, Orange) ersetzen, die gut mit Olivenöl harmonieren.

VERFEINERN Nach Belieben kann man die Vinaigrette auch mit etwas Senf (1–2 TL) würzen, der nicht nur Schärfe gibt, sondern auch für eine bessere Bindung der Sauce sorgt. Abgerundet wird mit einer Prise Zucker oder etwas Honig. Auch fein gewürfelte Schalotten passen gut dazu. Wer Knoblauch mag, kann 1 Zehe in die Sauce pressen.

DAS IST *wirklich* WICHTIG

[a] ERSTER SCHRITT Bei einer Vinaigrette immer zuerst den Essig mit Salz – gegebenenfalls auch mit Zucker – verrühren. Die Salz- und Zuckerkristalle können sich nur in einer wässrigen Flüssigkeit vollständig auflösen. Das Öl erst danach in dünnem Strahl kräftig unterschlagen.

[b] VERFEINERN Schlagen Sie die Vinaigrette mit einem Schneebesen zu einer Emulsion auf. Nach Belieben mit fein gehackten Kräutern aromatisieren, die erst zum Schluss zugegeben werden.

[c] AUFBEWAHREN Gut verschlossen hält sich die Vinaigrette im Kühlschrank mindestens 1 Woche. Vor der Verwendung kräftig schütteln.

[c]

VINAIGRETTE
mit Rotwein

Zutaten für ½ l

40 g Schalotten

1 EL Pflanzenöl (z. B. Sonnen- blumen- oder Distelöl)

20 g Zucker

100 ml trockener Rotwein

200 ml heller Fond (siehe Seite 48)

1 TL Speisestärke

1 TL mittelscharfer Senf

70 ml Rotwein-Essig

200 ml Traubenkernöl

Salz, Pfeffer aus der Mühle

Zeitbedarf
- 15 Minuten + 10 Minuten abkühlen

So geht's

1. Die Schalotten abziehen und fein würfeln. Das Öl in einer Pfanne erhitzen. Die Schalot- ten zugeben und farblos an- schwitzen.

2. Den Zucker in einem kleinen Topf goldgelb karamellisieren. Mit dem Rotwein ablöschen und sirupartig einkochen las- sen. Den Fond angießen und aufkochen.

3. Die Speisestärke in etwas kal- tem Wasser auflösen, in den Fond einrühren, aufkochen, beiseitestellen und abkühlen lassen.

4. Senf, Essig und Traubenkernöl in einer Schüssel verrühren, den abgekühlten Fond und die Schalotten zugeben. Die Vinai- grette mit Salz und Pfeffer würzen.

Passt sehr gut zu Linsensalat, weißem Bohnensalat und zu gekochtem Rindfleisch.

VINAIGRETTE
mit Chili

Zutaten für ½ l

1 Peperoni

150 ml heller Fond (siehe Seite 48)

½ TL Speisestärke

1 TL Senf

40 ml süße Chilisauce

100 ml weißer, milder Essig

150 ml Olivenöl

150 ml Traubenkernöl

1 Prise Zucker

Salz, Pfeffer aus der Mühle

1 Prise Zucker

Zeitbedarf
- 10 Minuten + 10 Minuten abkühlen

So geht's

1. Die Peperoni waschen, halbie- ren, entkernen und sehr fein würfeln.

2. Den Fond erhitzen. Die Spei- sestärke in etwas kaltem Wasser auflösen, in den Fond einrühren, aufkochen, bei- seitestellen und abkühlen lassen.

3. Den Senf und die Chilisauce in eine Schüssel geben. Essig und Olivenöl zunächst trop- fenweise, dann im dünnen Strahl unter ständigem Rüh- ren zugeben. Den Fond angie- ßen und das Traubenkernöl unterrühren.

4. Die Vinaigrette mit der Pepe- roni würzen, dabei die Würfel- chen nach und nach zugeben, bis die gewünschte Schärfe erreicht ist. Mit Salz, Pfeffer und Zucker abschmecken.

Passt sehr gut zu Eisbergsalat, zum Abschmecken von asiati- schen Wokgerichten und auch zu Avocados.

SO SCHMECKT' AUCH Wer keine Zwiebeln in der Vinaigrette mag, kann die Schalotten auch durch 2 EL gehackten Schnittlauch ersetzen.

VINAIGRETTE
mit Tomaten

Zutaten für ca. 750 ml

800 g Tomaten

30 g getrocknete Tomaten

3 Schalotten

1 Knoblauchzehe

1 Bund Basilikum

150 ml Olivenöl

100 ml heller Fond
(siehe Seite 48)

50 ml heller Aceto balsamico

20 ml Noilly Prat

Salz, Pfeffer aus der Mühle

1 Prise Zucker

Zeitbedarf
▪ 30 Minuten

So geht's

1. Die Tomaten über Kreuz einritzen, in kochendem Wasser ca. 15 Sekunden blanchieren, kalt abschrecken, häuten und entkernen. Die Tomaten vierteln, die Hälfte davon fein würfeln und beiseitestellen. Die getrockneten Tomaten fein würfeln. Die Schalotten abziehen und fein würfeln. Den Knoblauch abziehen und halbieren. Basilikum waschen, trocken schütteln, die Blätter abzupfen und fein hacken.

2. Die restlichen Tomaten in einer Schüssel mit dem Stabmixer pürieren. Öl, Fond, Essig und Noilly Prat unterrühren, frische Tomatenwürfel und getrocknete Tomaten, Schalotten und Knoblauch zugeben und gut verrühren.

3. Die Vinaigrette mit Salz, Pfeffer und Zucker würzen. Kurz vor dem Servieren das Basilikum unterrühren.

Passt lauwarm gut zu Rinderfilet (Carpaccio), zu Kalbsfilet, gekochtem Rindfleisch oder zu Lachs (1 cm dick geschnitten im Ofen bei 70 °C 15 Minuten garen).

VINAIGRETTE
mit Balsamico

Zutaten für ½ l

250 ml heller Fond (siehe Seite 48) oder Fleischbrühe

1 TL Speisestärke

½ TL mittelscharfer Senf

1 Prise Zucker

150 ml Olivenöl

60 ml dunkler Aceto balsamico

100 ml Traubenkernöl

Salz, Pfeffer aus der Mühle

Zeitbedarf
▪ 25 Minuten

So geht's

1. Den Fond erhitzen. Die Speisestärke in etwas kaltem Wasser auflösen, in den Fond einrühren und aufkochen lassen. Beiseitestellen und abkühlen lassen.

2. Den Senf und den Zucker in einer Schüssel verrühren. Das Olivenöl und den Essig nach und nach unterrühren. Den Fond angießen und das Traubenkernöl unterrühren.

3. Die Vinaigrette mit Salz und Pfeffer abschmecken.

Passt gut zu Blattsalaten und Gemüsesalat oder, wenn die Vinaigrette etwas milder angemacht wird, zu gebratenem Fisch und hellem Geflügel und zu Carpaccio.

SO SCHMECKT' AUCH Für eine helle Vinaigrette ersetzen Sie den dunklen Aceto balsamico durch eine helle Sorte.

VINAIGRETTE
mit Gemüse

Zutaten für 6 Portionen

je 1 rote und gelbe Paprikaschote

200 ml fruchtiges Olivenöl

3 Schalotten

1 Knoblauchzehe

1 kleine Aubergine

1 Zucchini

1 kleine Fenchelknolle

12 Blätter Basilikum

2 Zweige Thymian

40 ml milder Sherry-Essig

40 ml heller Fond (siehe Seite 48)

Salz, weißer Pfeffer aus der Mühle

1 Prise Zucker

Zeitbedarf
- 25 Minuten +
  30 Minuten garen

So geht's

1. Paprikaschoten waschen, vierteln, entkernen, Innenseite mit Salz, Pfeffer und etwas Olivenöl würzen. Mit der Hautseite nach oben auf ein Blech legen, bei 250 °C im Ofen ca. 20 Minuten garen, bis die Haut Blasen wirft. Herausnehmen, 5 Minuten mit einem feuchten Tuch bedecken. Die Haut abziehen, Schoten in 5 mm große Würfel schneiden.

2. Schalotten abziehen und fein würfeln, Knoblauch abziehen und halbieren. Aubergine, Zucchini und Fenchel waschen, putzen und in feine Würfel schneiden. Basilikum in Streifen schneiden.

3. Das Olivenöl in einer Pfanne erhitzen, Schalotten, Knoblauch, Gemüse und Thymian farblos anschwitzen. Bei kleiner Hitze garen, bis das Gemüse noch bissfest ist. Durch ein Sieb geben, dabei das Öl auffangen.

4. Öl, Essig und Fond verrühren, mit Salz, Pfeffer und Zucker abschmecken. Das Gemüse mit der Vinaigrette leicht erwärmen, mit Basilikum bestreuen.

Passt gut zu Blattsalaten, zu lauwarmem Linsensalat, zu Spargel, gekochtem Rindfleisch oder zu Kalbscarpaccio.

VINAIGRETTE
mit Avocado

Zutaten für 6 Portionen

1 Frühlingszwiebel

1 Avocado

2 Tomaten

1 Bund Petersilie

1 Bund Koriander

1 EL Zitronenfilets

30 ml Zitronensaft

½ TL abgeriebene Bio-Orangenschale

½ TL abgeriebene Bio-Limonenschale

ca. 30 ml Zitronensaft

1 EL Zitronenfilets

1 TL mittelscharfer Senf

50 ml Olivenöl

50 ml Rapsöl

Salz, Pfeffer aus der Mühle

Zeitbedarf
- 25 Minuten

So geht's

1. Die Frühlingszwiebel putzen und in feine Streifen schneiden. Die Avocado halbieren, den Kern entfernen, das Fruchtfleisch herauslösen und fein würfeln. Die Tomaten waschen, entkernen, in kleine Würfel schneiden. Petersilie und Koriander waschen, trocken schütteln, die Blätter abzupfen und fein hacken.

2. Die Zitronenfilets fein würfeln, mit Zitronensaft, Orangen- und Limonenschale, Zwiebeln und Senf in einer Schüssel verrühren und das Öl unter ständigem Rühren zugeben.

3. Avocado, Tomaten, Petersilie, Zitronenwürfel und Koriander zugeben, die Vinaigrette mit Salz und Pfeffer abschmecken.

Passt sehr gut zu gegrilltem Fisch oder weißem Fleisch.

FEINE VARIANTE Besonders aromatisch schmeckt die Sauce mit Saft und Fruchtfleisch von eingelegten Zitronen: Zitronen so vierteln, dass sie an einem Ende noch zusammenhängen, abwechselnd mit Meersalz in ein Weckglas füllen, mit Salz bedecken und gut verschließen. Ca. 3 Wochen im Kühlschrank ziehen lassen. Das Salz vor Verwendung abreiben.

VINAIGRETTE
asiatisch

Zutaten für 300 ml

- 1 Stück (ca. 1 cm) Ingwer
- 1–2 Frühlingszwiebeln
- 4 Stängel Koriander
- 50 ml süßer Reisessig
- 100 ml Erdnussöl
- 50 ml helles Sesamöl
- 1 EL Sojasauce
- 1 Msp. Kurkuma
- 1 TL geröstete Sesamkörner
- 30 g fermentierte schwarze Chinabohnen
- 1 Msp. Sambal Oelek
- Salz, Pfeffer aus der Mühle

Zeitbedarf
- 15 Minuten

So geht's

1. Den Ingwer schälen und reiben. Die Frühlingszwiebeln waschen, putzen und fein schneiden. Den Koriander waschen, trocken schütteln, die Blättchen abzupfen und fein hacken.

2. Alle Zutaten außer Frühlingszwiebeln und Koriander in einer Schüssel verrühren und mit Salz und Pfeffer würzen.

3. Erst kurz vor dem Servieren die Frühlingszwiebeln und den Koriander unter die Vinaigrette rühren, damit sie bei längerem Stehen nicht grau und unappetitlich werden.

Passt gut zu gebratenem Fisch, zu Rindfleisch und Geflügel, zu Salaten und eignet sich gut, um Gemüse zu marinieren.

VINAIGRETTE
mit Topinambur & Trüffel

Zutaten für 4 Portionen

- 20 g Schalotten
- 200 g Topinambur
- 100 g Karotten
- 20 g schwarzer Trüffel
- ½ EL Kerbel
- 100 ml Olivenöl
- 2 EL heller Aceto balsamico
- Salz, Pfeffer aus der Mühle
- ½ TL Zucker
- 50 ml Geflügelfond (siehe Seite 48)
- 1 TL Trüffelöl oder 1 EL Trüffelfond (von eingelegten Trüffeln)
- etwas Zitronensaft

Zeitbedarf
- 30 Minuten

So geht's

1. Die Schalotten abziehen und fein würfeln. Den Topinambur und die Karotten schälen, Topinambur in 5 mm große, Karotten in 2 mm große Würfel schneiden. Getrennt in kochendem Salzwasser blanchieren, kalt abschrecken und abtropfen lassen. Den Trüffel putzen und in 1 mm große Würfel schneiden. Den Kerbel waschen, trocken schütteln, die Blätter fein hacken.

2. 2 EL Olivenöl in einer Pfanne erhitzen, die Schalotten farblos anschwitzen.

3. In einer Schüssel den Essig mit Salz, Pfeffer, Zucker, dem restlichen Olivenöl, dem Fond und dem Trüffelöl zu einer milden Vinaigrette verrühren. Mit Zitronensaft abschmecken. Die Schalotten, die Gemüsewürfel, den Trüffel und den Kerbel in die Vinaigrette geben.

Passt gut zu Carpaccio vom Rind oder gekochtem Kalbfleisch, zu Spargel, pochiertem Ei und pochiertem Fisch.

SO SCHMECKT'S AUCH Bei dieser Vinaigrette lässt sich der Essig sehr gut durch Limonensaft ersetzen.

BESONDERS FEIN schmeckt die Vinaigrette zu einem Fischgericht, wenn man zusätzlich 100 ml von einer Rahmsauce (siehe Seite 67) mit dem Stabmixer aufschäumt und beim Anrichten über die Vinaigrette träufelt.

MAYONNAISE
frisch gerührt

FRISCHE EIER, ÖL UND ESSIG ODER ZITRONE – KALT AUF-
GESCHLAGEN ERGIBT DAS EINE EMULSION, DIE ALS CREMIGE
GRUNDLAGE FÜR VIELE KÖSTLICHE SAUCEN DIENT.

Zutaten für ½ l

3 sehr frische Eigelb

1 TL mittelscharfer Senf

Salz

500 ml neutrales Pflanzenöl
(z. B. Sonnenblumen- oder
Distelöl)

Pfeffer aus der Mühle

Saft von ½ Zitrone

etwas Tabasco

Zeitbedarf
- 10 Minuten

So geht's

1. Die Zutaten für die Mayonnaise sollten Zimmertemperatur haben. Die Eigelbe, den Senf und eine Prise Salz mit einem Schneebesen in einer Schüssel kräftig verrühren [→a]. Das Öl zunächst
tropfenweise, dann im dünnen Strahl langsam unter die Mischung schlagen [→b], damit sie nicht gerinnt. Wird die Mayonnaise zu fest, mit ein paar Tropfen Wasser verdünnen.

2. Mit Salz und Pfeffer sowie dem Zitronensaft und ein paar Tropfen
Tabasco abschmecken [→c]. Die Mayonnaise sollte möglichst
schnell verwendet werden und ist im Kühlschrank ca. 1 Woche
haltbar.

Passt gut zu frittierten Kartoffeln und Gemüse, zu kaltem Geflügel,
gekochtem Fleisch, pochiertem Fisch. Ist die Basis für kalte
Saucen oder Salatdressings.

Die Varianten

Mayonnaise light
Für 4 Portionen der leichten
Variante 50 g Mayonnaise,
50 g Magerquark, 100 g Na-
turjoghurt (1,5 % Fett i. d. Tr.)
und 2 EL Gemüsefond (siehe
Seite 90) oder hellen Fond
(siehe Seite 48) glatt rühren.
Mit Salz und Pfeffer aus der
Mühle sowie ein paar Tropfen Zitronensaft und Tabasco
würzen. Nach Belieben mit
frisch gehackten Kräutern
verfeinern.

Knoblauch-Mayonnaise
Für 4 Portionen 3 Knob-
lauchzehen abziehen und im
Mörser mit 1 TL Salz zu einer feinen Paste zerreiben.
Mit 2 frischen Eigelben vermischen und 200 ml Olivenöl
nach und nach unterschla-
gen. Mit Salz und Pfeffer abschmecken.

BLITZ-MAYONNAISE Für diese schnelle Variante 1 Ei, 1 TL Senf, 100 ml
Speiseöl, Salz und Pfeffer aus der Mühle sowie ein paar Tropfen Zitronensaft in einen hohen schmalen Rührbecher geben und mit dem Stabmixer
vom Becherboden langsam nach oben ziehen. In 20 Sekunden ist die
Mayonnaise fertig.

DAS IST *wirklich* WICHTIG

[a] TEMPERATUR Eine Mayonnaise gelingt nur, wenn alle Zutaten Zimmertemperatur haben. Nehmen Sie daher die im Kühlschrank aufbewahrten Zutaten mindestens 30 Minuten vor Zubereitung heraus. Zuerst in einer Schüssel die Eigelbe, den Senf und eine Prise Salz mit dem Schneebesen kräftig verrühren.

[b] ÖL LANGSAM ZUGEBEN Um eine stabile Mayonnaise zu erhalten, ist es wichtig, dass Sie das Öl zunächst nur tropfenweise, dann in dünnem Strahl mit dem Schneebesen unter die Ei-Senf-Mischung schlagen. Den Zitronensaft erst zum Schluss zugeben, damit die Säure die Stabilität der Emulsion nicht gefährden kann.

[c] KONSISTENZ Eine gute Mayonnaise ist dick und glänzend und von sehr cremiger Konsistenz.

[a]

[b]

[c]

MAYONNAISE
mit Champagner

Zutaten für 4 Personen

150 g Mayonnaise
(siehe Seite 116)

50 g Crème fraîche

50 ml trockener Champagner

Salz, weißer Pfeffer aus der Mühle

etwas Zitronensaft

etwas Tabasco

Zeitbedarf
▪ 10 Minuten

So geht's

1. Die Mayonnaise nach Rezept (siehe Seite 116) in einer Schüssel zubereiten. Die fertige Mayonnaise mit der Crème fraîche verrühren.

2. Nach und nach den Champagner unterrühren und mit Salz und Pfeffer abschmecken. Die Champagnermayonnaise erst kurz vor dem Servieren zubereiten, damit ihr prickelnder Charakter nicht verloren geht. Um den feinen Champagnergeschmack nicht zu überdecken, nur vorsichtig mit Zitronensaft und Tabasco abschmecken.

Passt sehr gut zu kaltem Hummer, zu Flusskrebsen und Garnelen und zu pochiertem kaltem Fisch wie z. B. Lachs.

MAYONNAISE
mit Wasabi

Zutaten für 4 Personen

einige Blätter (ca. 20 g) Spinat

1 EL Meerrettich (aus dem Glas)

150 g Mayonnaise
(siehe Seite 116)

50 g Crème fraîche

1 EL Wasabipaste

Salz, weißer Pfeffer aus der Mühle

etwas Zitronensaft

Zeitbedarf
▪ 15 Minuten

So geht's

1. Die Spinatblätter in kochendem Wasser 15 Sekunden blanchieren, in kaltem Wasser abschrecken, abtropfen lassen und mit dem Stabmixer pürieren. Den Meerrettich in ein Sieb geben, kräftig ausdrücken und den Saft auffangen.

2. Die Mayonnaise nach Rezept (siehe Seite 116) in einer Schüssel zubereiten. Mit der Crème fraîche verrühren, die Wasabipaste und den Meerrettichsaft zugeben.

3. Das Spinatpüree unterrühren und die Mayonnaise mit Salz und Pfeffer sowie ein paar Tropfen Zitronensaft würzen.

Passt sehr gut zu rohem oder geräuchertem Fisch, zu pochiertem Lachs und zu Nudel- oder Gemüsesalat.

GRÜNE FÄRBUNG Wasabi ist ein besonders scharfer, grüner japanischer Meerrettich. Das Spinatpüree dient hier nur dazu, die Grünfärbung zu unterstützen.

COCKTAILSAUCE
klassisch gut

Zutaten für 4 Personen

150 g Mayonnaise
(siehe Seite 116)

30 g Ketchup

1 EL geschlagene Sahne

1 Msp. Meerrettich
(aus dem Glas)

Salz, weißer Pfeffer aus der
Mühle

etwas Weinbrand

etwas Zitronensaft

etwas Worcestersauce

etwas Tabasco

Zeitbedarf
▪ 15 Minuten

So geht's

1. Die Mayonnaise nach Rezept
(siehe Seite 116) in einer
Schüssel zubereiten. Mit dem
Ketchup verrühren und dann
die geschlagene Sahne unterheben.

2. Die Sauce mit Meerrettich,
Salz und Pfeffer sowie mit
ein paar Tropfen Weinbrand,
Zitronensaft, Worcestersauce
und etwas Tabasco kräftig abschmecken.

Diese klassische Sauce wird
meistens für Shrimps-Cocktails
verwendet. Sie passt aber auch
gut zu Hummer, zu Crevetten
und zu verschiedenen Gemüse-
und Blattsalaten.

FRENCH DRESSING
mit Senf

Zutaten für ca. 800 ml

50 g Zwiebeln

1 Knoblauchzehe (nach Belieben)

50 g Mayonnaise
(siehe Seite 116)

40 g mittelscharfer Senf

400 ml Traubenkernöl

70 ml Sherry-Essig

70 g Sahne

100 ml Wasser

Salz, Pfeffer aus der Mühle

5 g Zucker

Tabasco

Zeitbedarf
▪ 25 Minuten

So geht's

1. Die Zwiebeln abziehen und
fein reiben. Den Knoblauch
abziehen.

2. Die Mayonnaise nach Rezept
(siehe Seite 116) zubereiten.
Mit dem Senf in einer Schüssel verrühren. Das Öl zu-
nächst tropfenweise, dann
im dünnen Strahl mit dem
Schneebesen unter die Mi-
schung schlagen. Wird die
Mayonnaise zu fest, mit etwas
Wasser verdünnen. Die Zwiebeln, den Essig, die Sahne
und das Wasser unterrühren.
Die Knoblauchzehe in die
Vinaigrette pressen.

3. Die Sauce mit Salz, Pfeffer,
Zucker und ein paar Tropfen
Tabasco abschmecken. Lässt
sich, gut verschlossen, im
Kühlschrank 1 Woche aufbe-
wahren.

Passt sehr gut zu verschiedenen Blattsalaten und zu hart
gekochten Eiern.

SO SCHMECKT'S AUCH Sie können das Dressing auch mit frisch gehackten
Kräutern wie z. B. Petersilie, Schnittlauch, Basilikum oder Estragon verfeinern.

DAS IST *wirklich* WICHTIG

[a] ZUBEREITEN Ein Pesto ist mit dem Pürierstab oder im Mixer einfach und schnell zubereitet: Alle Zutaten pürieren, das Öl nach und nach zugeben, bis die gewünschte Konsistenz erreicht ist. Mit Salz und Pfeffer abschmecken.

[b] AUFBEWAHREN In ein sauberes Glas mit Schraubverschluss gefüllt und mit einer dünnen Ölschicht bedeckt, lässt sich das Pesto an einem kühlen Ort etwa 2 Monate aufbewahren.

[b]

[a]

PESTO ALLA GENOVESE
der italienische Klassiker

DIESE BERÜHMTE WÜRZIGE PASTE AUS BASILIKUM, OLIVENÖL UND KÄSE IST GANZ EINFACH UND SCHNELL IM MÖRSER ODER MIXER ZUBEREITET UND VIELSEITIG EINSETZBAR.

Zutaten für 4 Portionen

1 Bund Basilikum

2 Knoblauchzehen

25 g Parmesan

25 g Pecorino

2 EL Pinienkerne

½ TL Meersalz

60 ml Olivenöl

Zeitbedarf
- 15 Minuten

So geht's

1. Das Basilikum waschen, trocken schütteln, die Blätter abzupfen und in Streifen schneiden. Den Knoblauch abziehen und in kleine Stücke schneiden. Parmesan und Pecorino in kleine Stücke zerteilen oder reiben.

2. Nach traditioneller Art Knoblauch und die Pinienkerne mit einem Holzstößel in einem Mörser zerstoßen. Das Basilikum zufügen und während des Zerstoßens nach und nach Salz zugeben. Auf diese Weise bleibt das Grün der Blätter erhalten. Die Käsestücke in den Mörser geben und zerstoßen. Das Pesto kann aber auch im Mixer oder mit dem Pürierstab zubereitet werden, dann geriebenen Käse verwenden [→a].

3. Das Öl nach und nach unterrühren, bis eine cremige Paste entsteht. Wird das Pesto nicht gleich verwendet, in Gläser füllen und kühl aufbewahren [→b].

Passt gut zu Pasta, Minestrone, Antipasti-Gemüse, gegrilltem Fisch, Rinderfilet (Carpaccio), gekochtem Fleisch und schmeckt auch auf geröstetem Brot sehr fein.

Die Variante

Bärlauchpesto
Für 400 g Pesto 200 g Bärlauchblätter blanchieren und im Mixer oder mit dem Stabmixer pürieren. 100 ml Olivenöl nach und nach zugeben. Die Masse durch ein grobes Sieb streichen, um die Fasern zu entfernen. 60 g geröstete Pinienkerne und 100 g frisch geriebenen Parmesan dazugeben und mit dem Stabmixer pürieren. Das Pesto mit Salz und Pfeffer aus der Mühle würzen. Passt sehr gut zu Kaninchen, Schweinefleisch, Pasta und Reisgerichten. Da die Bärlauch-Saison sehr kurz ist, empfiehlt es sich, Bärlauch zu blanchieren und auf Vorrat einzufrieren.

SO SCHMECKT'S AUCH Röstet man die Pinienkerne in einer Pfanne ohne Fett goldgelb an, schmecken sie noch aromatischer. Man kann für das Pesto auch nur Parmesan verwenden und muss nicht mit Pecorino mischen.

PESTO ROSSO
mit Tomaten

Zutaten für 400 g

2 Knoblauchzehen

200 g halbgetrocknete Tomaten

50 g Parmesan

20 Blätter Basilikum

50 g Pinienkerne

100 ml Öl

Salz, Pfeffer aus der Mühle

1 Msp. Sambal Oelek

Zeitbedarf
▪ 15 Minuten

So geht's

1. Den Knoblauch abziehen und klein schneiden. Die Tomaten ebenfalls in kleine Stücke schneiden. Den Parmesan reiben. Die Basilikumblätter waschen, trocken schütteln und in Streifen schneiden.

2. Den Knoblauch, die Tomaten, die Pinienkerne und das Basilikum in einem hohen Rührbecher mit dem Stabmixer pürieren. Das Öl nach und nach zugeben, bis eine cremige Paste entsteht. Den Käse unterrühren.

3. Mit Salz und Pfeffer sowie Sambal Oelek abschmecken. Vorsichtig mit Salz würzen, da die Tomaten leicht salzig sind und auch der Käse einen hohen Salzgehalt hat.

Passt sehr gut zu Pastagerichten, zu Gnocchi (auch zum Füllen) oder geschmorten Champignons.

OLIVENPESTO
kräftig und pikant

Zutaten für 250 g

2 Knoblauchzehen

1 kleine Chilischote

100 g grüne Oliven ohne Stein

80 g Parmesan

30 g Pinienkerne

ca. 5 g Meersalz

100 ml Olivenöl

Zeitbedarf
▪ 15 Minuten

So geht's

1. Den Knoblauch abziehen und klein schneiden. Die Chilischote waschen, halbieren, entkernen und in feine Würfelchen schneiden. Die grünen Oliven hacken. Den Parmesan reiben.

2. Den Knoblauch, etwa die Hälfte der Chilischote, die Oliven, die Pinienkerne und das Salz in einem hohen Rührbecher mit dem Stabmixer pürieren. Das Öl nach und nach unterrühren, bis eine cremige Paste entsteht. Dann den Käse unterrühren.

3. Das Pesto mit Salz und je nach gewünschter Schärfe mit den restlichen Chiliwürfelchen abschmecken.

Das Pesto ist ein köstlicher Aufstrich für geröstete Weißbrotscheiben, schmeckt sehr gut zu Risotto oder Pasta und kann zum Gratinieren von Fisch (z. B. Seeteufelmedaillons) verwendet werden.

SELBST GETROCKNET Ein besonders feines Pesto erhält man, wenn man selbst getrocknete Tomaten ohne Schale verwendet (siehe Seite 93).

PETERSILIENPESTO
mit Spinat

Zutaten für 400 g

100 g Petersilie

100 g Petersilienwurzel

50 g Spinat

50 g Parmesan

100 ml Traubenkernöl

Salz, Pfeffer aus der Mühle

Zeitbedarf

- 20 Minuten +
  10 Minuten abkühlen

So geht's

1. Die Petersilie waschen und die Blätter abzupfen. Die Petersilienwurzel schälen und würfeln. Den Spinat waschen, die Stiele entfernen. Den Parmesan reiben.

2. Die Petersilie und den Blattspinat in kochendem Salzwasser 30 Sekunden blanchieren, in kaltem Wasser abschrecken und in einem Sieb abtropfen lassen.

3. Das Öl in einem kleinen Topf erhitzen. Die Petersilienwurzel zugeben und farblos anschwitzen, bis sie weich ist. Durch ein Sieb geben, das Öl auffangen. Abkühlen lassen.

4. Die Petersilie, den Spinat und die Petersilienwurzel in einem hohen Rührbecher mit dem Stabmixer pürieren. Das Öl nach und nach zugeben und den Käse unterrühren. Das Pesto mit Salz und Pfeffer abschmecken.

Passt gut zu Fisch und Jakobsmuscheln, zu Kalbsgeschnetzeltem und zu Karottensuppe.

WALNUSSPESTO
mit Petersilie

Zutaten für 400 g

2 Bund glatte Petersilie

75 g Parmesan

150 g Walnusskerne

150 ml Traubenkernöl

Salz, Pfeffer aus der Mühle

etwas abgeriebene Bio-Zitronenschale

Zeitbedarf

- 15 Minuten

So geht's

1. Die Petersilie waschen, trocken schütteln und die Blätter abzupfen. Evtl. kurz in kochendem Wasser blanchieren und kalt abschrecken, so lässt sich die Petersilie leichter pürieren. Den Käse reiben.

2. Die Walnüsse, die Petersilie und die Hälfte des Öls im Mixer oder in einem hohen Rührbecher mit dem Stabmixer pürieren. Das restliche Öl nach und nach zugeben und den Käse unterrühren.

3. Das Pesto mit Salz und Pfeffer sowie der Zitronenschale würzen. In heiß ausgespülte Gläser gefüllt und mit etwas Öl bedeckt, lässt sich das Pesto im Kühlschrank einige Wochen aufbewahren.

Passt sehr gut zu Pasta mit Blauschimmelkäsesauce, zu Reisgerichten oder kalten Nudelsalaten. Eignet sich gut zum Gratinieren, z. B. von Wildschweinmedaillons.

SO SCHMECKT'S AUCH Wenn man die Hälfte des Parmesans durch geriebenes Weißbrot ersetzt, bekommt das Pesto einen feineren Walnussgeschmack. So passt es besonders gut zu Wildgerichten.

SALSA VERDE
grüne Sauce

Zutaten für 4 Portionen

2 Schalotten

2 Knoblauchzehen

2 Bund Petersilie

4 Anchovisfilets

2 EL Kapern

50 g Parmesan

120 ml Olivenöl

4 EL Zitronensaft

Salz, Pfeffer aus der Mühle

Zeitbedarf
- 15 Minuten

So geht's

1. Die Schalotten und den Knoblauch abziehen und fein würfeln. Die Petersilie waschen, trocken schütteln, die Blätter abzupfen und grob hacken. Die Anchovisfilets und die Kapern ebenfalls hacken. Den Parmesan reiben.

2. Die Petersilie, den Knoblauch und das Olivenöl in einem hohen Rührbecher mit dem Stabmixer fein pürieren. Den Zitronensaft zugeben, Anchovisfilets, Kapern, Käse und die Schalotten unterrühren.

3. Die Salsa mit Salz und Pfeffer abschmecken. Bei Bedarf noch etwas Olivenöl zugeben. In ein Schraubglas gefüllt und mit etwas Öl bedeckt, hält sich die Salsa im Kühlschrank ca. 1 Woche.

Passt zu kaltem Fleisch, geräuchertem Heilbutt und Schwertfisch. In Italien ist sie die klassische Sauce zu Bollito misto, einem gemischten Fleischtopf.

MAIS-SALSA
mit Tomaten

Zutaten für 4 Portionen

1 rote Zwiebel

1 EL Olivenöl

5 Stängel Koriander oder glatte Petersilie

150 g Mais aus der Dose

2 Fleischtomaten

2 EL Olivenöl

1 EL Limonensaft

Salz, Pfeffer aus der Mühle

etwas Tabasco

Zeitbedarf
- 20 Minuten + 1 Stunde ziehen

So geht's

1. Die Zwiebel abziehen und fein würfeln. In einer Pfanne 1 EL Olivenöl erhitzen und die Zwiebelwürfelchen darin farblos anschwitzen.

2. Den Koriander oder die Petersilie waschen, trocken schütteln, die Blätter abzupfen und fein hacken. Den Mais in ein Sieb geben und abtropfen lassen. Die Tomaten waschen, entkernen und in kleine Würfel (in der Größe der Maiskörner) schneiden.

3. Alle Zutaten in einer Schüssel gründlich vermischen und mit Salz und Pfeffer sowie ein paar Tropfen Tabasco würzen. Die Salsa 1 Stunde zugedeckt im Kühlschrank durchziehen lassen.

Passt gut zu Eisbergsalat, zu Tortillachips oder zu Crostinis.

SO SCHMECKT'S AUCH Wenn Sie Kapern und Anchovis nicht mögen, können Sie auch eine reine Kräuter-Salsa zubereiten und stattdessen noch ein kleines Bund Basilikum oder Oregano zugeben. Wenn Sie es schärfer mögen, pürieren Sie 1 kleine grüne entkernte Chilischote mit.

TOMATEN-SALSA
mit Paprika

Zutaten für 4 Portionen

1 rote Paprikaschote

1 rote Zwiebel

3 Tomaten

1 TL Oregano

1 EL Olivenöl

1 TL heller Aceto balsamico

Salz, Pfeffer aus der Mühle

Zeitbedarf
- 30 Minuten +
  1 Stunde ziehen

So geht's

1. Die Paprikaschote waschen, vierteln, entkernen. Mit der Hautseite nach oben auf ein Backblech geben und bei 250 °C im vorgeheizten Backofen garen, bis die Haut Blasen wirft. Die Paprika aus dem Ofen nehmen, 5 Minuten mit einem feuchten Tuch bedecken, dann die Haut abziehen. Die Paprika in feine Würfelchen schneiden.

2. Die Zwiebel abziehen und fein würfeln. Die Tomaten waschen, entkernen und ebenfalls fein würfeln. Den Oregano waschen, trocken schütteln, die Blätter abzupfen und fein hacken.

3. Alle Zutaten in einer Schüssel gründlich vermischen und mit Salz und Pfeffer würzen. Die Salsa ca. 1 Stunde zugedeckt im Kühlschrank durchziehen lassen.

Passt sehr gut zu selbst gemachten Hamburgern, zu Lammhacksteaks, zu gegrillten Auberginen oder Zucchini. Schmeckt auch auf geröstetem Weißbrot sehr gut.

ORANGEN-SALSA
mit Tomaten

Zutaten für ½ l

3 große Orangen

4 Tomaten

1 Stück (ca. 1 cm) Ingwer

6 Stängel Koriander

1 Knoblauchzehe

1 EL Sesamöl

Saft von 1 Limone

Salz, Pfeffer aus der Mühle

½ TL Sambal Oelek

Zeitbedarf
- 20 Minuten +
  1 Stunde ziehen

So geht's

1. Die Orangen schälen, dabei auch die weiße Haut entfernen, filetieren und in 5 mm große Würfel schneiden. Die Tomaten waschen, entkernen und ebenfalls in 5 mm große Würfel schneiden. Den Ingwer schälen und fein reiben. Den Koriander waschen, trocken schütteln, die Blätter abzupfen und fein hacken. Den Knoblauch abziehen.

2. Orangen, Tomaten, Ingwer und Koriander in eine Schüssel geben, mit Öl und Limonensaft gut vermischen. Die Knoblauchzehe dazupressen, mit Salz, Pfeffer und Sambal Oelek abschmecken.

3. Die Salsa 1 Stunde zugedeckt im Kühlschrank durchziehen lassen. Nicht länger als 2 Tage aufbewahren.

Passt sehr gut zu gegrilltem Hähnchen, zu Kebab, zu Spargel oder geschmortem Chicorée.

MANGO-CHUTNEY
süß-sauer & würzig

DIE URSPRÜNGLICH AUS INDIEN STAMMENDEN WÜRZSAUCEN,
AUS FRÜCHTEN UND GEMÜSE MIT ESSIG UND GEWÜRZEN EIN-
GEKOCHT, HABEN DIE KULINARISCHE WELT EROBERT.

Zutaten für ca. 500 ml

400 g Mango

3 Schalotten

2 Knoblauchzehen

1 kleine Chilischote

2 EL Rapsöl

1 EL Zucker

1 TL Curry

4–5 EL süße Chilisauce

5 EL Obstessig

100 ml Weißwein

Salz, weißer Pfeffer aus der Mühle

Zeitbedarf
- 20 Minuten +
  ca. 30 Minuten kochen

So geht's

1. Das Fruchtfleisch der Mangos vom Kern lösen [→a] und in 2 cm große Würfel schneiden [→b]. Die Schalotten abziehen und fein würfeln. Die Knoblauchzehe abziehen. Die Chilischote waschen, halbieren, entkernen und in feine Würfelchen schneiden.

2. Das Öl in einem Topf oder einer Pfanne erhitzen. Die Schalotten zugeben und farblos anschwitzen. Die Chiliwürfelchen, je nach gewünschter Schärfe, dazugeben und kurz mit anschwitzen. Den Knoblauch dazupressen, die Mangowürfel zugeben, mit dem Zucker bestreuen und karamellisieren lassen.

3. Curry, Chilisauce, Obstessig, Weißwein und etwas Wasser zugeben und ca. 30 Minuten bei kleiner Hitze langsam köcheln lassen, bis fast alle Flüssigkeit verdampft ist und das Chutney andickt [→c].

4. Das Chutney mit Salz und Pfeffer abschmecken und in heiß ausgespülte Gläser füllen [→d]. Kühl aufbewahrt ist das Chutney mehrere Wochen haltbar.

Passt gut zu hellem Fleisch und Geflügel, zu Fisch und zu Reisgerichten.

Die Variante

Pflaumen-Chutney
Für 500 g 1 kg reife Pflaumen gründlich waschen, halbieren und entkernen und in 200 g Zucker und 50 ml Obstessig einlegen. Wenn die Pflaumen sehr süß sind, die Zuckermenge etwas reduzieren. Die Pflaumen bei Zimmertemperatur 48 Stunden abgedeckt ziehen lassen, dabei mehrmals umrühren. Die Pflaumen in einem Topf aufkochen, ca. 1 Stunde bei kleiner Hitze köcheln lassen und dabei immer wieder umrühren. Das Chutney darf nicht anbrennen. Heiß in sterilisierte Gläser füllen und kühl und dunkel lagern. Passt sehr gut zu Wildterrinen, Wildbraten oder zu Käse. Mit gerösteten Walnüssen verfeinert schmeckt es besonders köstlich.

[a]

[b]

(c) EINKOCHEN Wenn Sie ein Chutney zubereiten, das längere Zeit bei kleiner Hitze köchelt, achten Sie darauf, dass es nicht anbrennt. Immer wieder umrühren, damit sich nichts am Topfboden ansetzt. Wird das Chutney zu dickflüssig, fügen Sie etwas Wasser zu.

[c]

DAS IST
wirklich
WICHTIG

[a] MANGO VORBEREITEN Die Mango längs auf beiden Seiten knapp über dem Kern durchschneiden. Das Fruchtfleisch gitterförmig tief einschneiden, dabei die Schale nicht verletzen. Das restliche Fruchtfleisch rund um den Kern abschneiden und würfeln.

[b] MANGOWÜRFEL Die Schale in der Mitte mit den Fingern hoch drücken und die Würfel herauslösen.

[d] AUF VORRAT Das fertige Chutney heiß in Gläser füllen und kühl aufbewahren.

[d]

CHILI-CHUTNEY
mit Tomaten

Zutaten für ca. 500 ml

500 g Tomaten

½ rote Paprikaschote

2–3 rote Chilischoten
(je nach Schärfe)

70 g Zwiebeln

1 Knoblauchzehe

1 TL Ingwer

2 EL Olivenöl

150 ml Apfelessig

100 g Zucker

40 ml Zitronensaft

50 g Sultaninen

½ Zimtstange

2 Nelken

Salz, Pfeffer aus der Mühle

Chilipulver

Zeitbedarf
- 25 Minuten +
  ca. 45 Minuten kochen

So geht's

1. Die Tomaten waschen, entkernen und in 1 cm große Würfel schneiden. Die Paprikaschote und die Chilischote waschen, vierteln, entkernen. Die Paprika in 1 cm große Würfel, die Chili in sehr kleine Würfelchen schneiden. Die Zwiebeln und den Knoblauch abziehen und sehr fein würfeln. Den Ingwer schälen und reiben.

2. Das Öl in einem Topf erhitzen, Zwiebeln, Knoblauch, Paprika und Ingwer farblos anschwitzen. Alle Zutaten außer Salz, Pfeffer und Chilipulver zugeben und ca. 45 Minuten bei kleiner Hitze köcheln lassen, bis fast alle Flüssigkeit verdampft ist und das Chutney andickt.

3. Mit Salz, Pfeffer und je nach gewünschtem Schärfegrad mit Chilipulver abschmecken. Das Chutney heiß in Gläser füllen.

Passt gut zu gegrilltem Fleisch, zu Fisch oder Gemüse. Das Chutney kann auch zum Würzen von Pizzabelägen oder Saucen verwendet werden.

APFEL-CHUTNEY
mit getrockneten Tomaten

Zutaten für 500 g

100 g Zwiebeln

60 g getrocknete Tomaten

1 Stück (ca. 2 cm) Ingwer

150 g Äpfel

2 EL Olivenöl

1 TL schwarze Senfkörner

1 Msp. Viergewürz aus Frankreich (Quatre épices)

50 g Korinthen

60 g brauner Zucker

150 ml Apfelsaft

80 ml Aceto balsamico

40 ml Apfelessig

80 ml Wasser

Saft von 1 Zitrone

Salz, Pfeffer aus der Mühle

Zeitbedarf
- 25 Minuten +
  ca. 40 Minuten kochen

So geht's

1. Die Zwiebeln abziehen und fein würfeln. Die Tomaten waschen, entkernen und in 1 cm große Würfel schneiden. Den Ingwer schälen und sehr fein würfeln. Die Äpfel schälen, das Kerngehäuse entfernen und das Fruchtfleisch in 1 cm große Würfel schneiden.

2. Das Öl in einem Topf erhitzen. Tomaten, Zwiebeln, Ingwer, Senfkörner und Viergewürz zugeben und farblos anschwitzen. Alle anderen Zutaten zugeben und das Chutney ca. 40–50 Minuten bei kleiner Hitze köcheln lassen, bis die meiste Flüssigkeit verdampft ist und das Chutney andickt. Dabei immer wieder umrühren, damit es nicht anbrennt.

3. Das Chutney mit Salz und Pfeffer abschmecken und heiß in Gläser füllen.

Passt gut zu Schweinepaté, Schweinefilet und -braten, zu gegrilltem Wildschwein.

ZITRUS-CHUTNEY
fruchtig-scharf

Zutaten für 4 Portionen

- 2 Bio-Zitronen
- 1 Bio-Orange
- ½ rote Chilischote
- 1 Stück Ingwer (ca. 2 cm)
- 100 ml Weißweinessig
- 100 ml Orangensaft
- 100 g Zucker
- 1 TL Meersalz
- 2 Sternanis
- 1 Msp. englisches Senfpulver

Zeitbedarf
- 20 Minuten +
  ca. 20 Minuten kochen

So geht's

1. Die Zitronen und die Orange gründlich unter heißem Wasser waschen und so dünn schälen, dass auf der Innenseite keine weiße Haut mehr anhaftet. Die Schalen in feine Streifen schneiden.

2. Die Zitrusfrüchte filetieren. Dazu die weiße Haut vollständig entfernen, die Filets mit einem scharfen Messer zwischen den Trennwänden herausschneiden, dabei den Saft auffangen. Die Filets in kleine Stücke schneiden.

3. Die Chilischote waschen, entkernen und in sehr feine Streifen schneiden. Den Ingwer schälen und sehr fein würfeln.

4. Essig, Orangensaft, Zucker und Meersalz in einem Topf erhitzen, die übrigen Zutaten zugeben und so lange bei kleiner Hitze köcheln lassen, bis die meiste Flüssigkeit verdampft ist und das Chutney andickt. Dabei immer wieder umrühren, damit es nicht anbrennt.

Passt gut zu Fisch (z. B. Seeteufel), zu Jakobsmuscheln sowie zu gebratenem und gegrilltem hellem Fleisch.

CRANBERRY-CHUTNEY
mit Birnen

Zutaten für ca. 1 l

- 350 g reife Birnen
- 150 g unreife Birnen
- 500 g Cranberrys
- 220 g Zwiebeln
- 1 Zimtstange
- 1 TL Pimentkörner
- 1 Bio-Orange
- 200 g brauner Zucker
- 150 ml Weinbrandessig

Zeitbedarf
- 30 Minuten +
  ca. 1 Stunde kochen

So geht's

1. Die Birnen und die Cranberrys waschen. Die Birnen schälen, vierteln, das Kerngehäuse entfernen und das Fruchtfleisch in 1 cm große Würfel schneiden. Die Zwiebeln abziehen und fein würfeln. Die Zimtstange und die Pimentkörner in ein Mullsäckchen einbinden. Die Orange heiß waschen, die Schale sehr dünn, ohne weiße Haut, abschälen und in sehr feine Streifen schneiden. Die Orange auspressen.

2. Alle Zutaten in einen Topf geben, zum Kochen bringen und ca. 1 Stunde bei kleiner Hitze köcheln lassen, bis die meiste Flüssigkeit verdampft ist und das Chutney andickt. Dabei immer wieder umrühren, damit das Chutney nicht anbrennt.

3. Den Gewürzbeutel herausnehmen, das heiße Chutney in saubere Gläser abfüllen und luftdicht verschließen.

Passt besonders gut zu Leberpaté, zu Fleischterrinen oder zu gekochtem Fleisch. Am besten schmeckt das Chutney, wenn man es mindestens 1 Monat im Kühlschrank durchziehen lässt.

FEINE DIPS
schnell gerührt

OB ZU GEGRILLTEM FLEISCH, KALTEM BRATEN, ZU GEDÜNSTETEM FISCH, ZU KARTOFFELN ODER GEMÜSE: DIESE CREMIGEN DIPS, DEREN BASIS MEIST CRÈME FRAÎCHE UND JOGHURT IST, SIND GANZ EINFACH UND SCHNELL ZUZUBEREITEN UND LASSEN SICH IM KÜHLSCHRANK EINIGE TAGE AUFBEWAHREN. DIE ZUTATEN SIND JEWEILS FÜR 4 PERSONEN BERECHNET.

KRÄUTER-DIP

150 g Quark mit 2 EL Crème fraîche und mit 30 g Sahne glatt rühren, 4 EL fein gehackte Kräuter (Dill, Schnittlauch, Kerbel und Petersilie) zugeben. Mit Salz und Pfeffer sowie einigen Tropfen Zitronensaft und Tabasco abschmecken.
Passt gut zu rohen Gemüsesticks und warmen Ofenkartoffeln.

ROQUEFORT-DIP

80 g Roquefort grob reiben, mit 150 g Quark und 20 g Sahne verrühren. Es sollen noch kleine Käsestückchen im Dip sein. Mit Salz und Pfeffer würzen.
Passt gut zu rohen Gemüsesticks oder gegrilltem Schweinefleisch.

KNOBLAUCH-DIP

100 g Quark mit 100 g Mayonnaise glatt rühren. 4–5 Knoblauchzehen abziehen, klein schneiden, mit 20 ml Olivenöl vermischen und mit dem Stabmixer fein pürieren. Das Knoblauchpüree unter den Quark rühren und mit Salz und Pfeffer sowie ein paar Tropfen Zitronensaft und Sambal Oelek würzen.
Passt sehr gut zu gegrilltem Lamm, zu wilden Kartoffeln oder zu gegrilltem Gemüse.

TOMATEN-DIP

150 g Crème fraîche, 100 g Joghurt, 50 g Mayonnaise und 1 EL Ketchup glatt rühren. 100 g fein gewürfelte, entkernte Tomaten untermischen, 1–2 EL gehackte Kräuter (glatte Petersilie, Basilikum) zugeben und mit Salz und Pfeffer würzen. Nach Geschmack 1 durchgepresste Knoblauchzehe zugeben.
Passt gut zu gegrilltem Seelachs oder zu gegrillten Schweinemedaillons.

SCHAFSKÄSE-DIP

7 in Öl eingelegte, getrocknete Tomaten fein würfeln. 50 g geschälte Pistazien grob hacken. 150 g Schafskäse zerbröseln und zusammen mit 100 g Quark und 4 EL Sahne mit dem Stabmixer pürieren. Die Tomaten und die Pistazien unterrühren und den Dip mit Salz und Pfeffer würzen.
Passt besonders gut zu gegrilltem Lamm und zu Ofenkartoffeln.

KAPERN-DIP

150 g Crème fraîche oder Sauerrahm und 100 g Joghurt glatt rühren. Nach Geschmack 1–2 EL Dijonsenf und 2 EL gehackte Kapern unterrühren. Mit 1 Prise Salz und ein paar Tropfen Tabasco würzen.
Passt besonders gut zu gekochtem Rindfleisch.

PAPRIKA-DIP

2 rote Paprikaschoten waschen, vierteln und entkernen. Mit der Hautseite nach oben auf ein mit Backpapier ausgelegtes Blech legen und im Backofen unter dem Grill ca. 10 Minuten garen, bis die Haut beginnt, schwarz zu werden, und Blasen wirft. Aus dem Ofen nehmen und 5 Minuten mit einem feuchten Küchentuch bedecken. Dann die Haut abziehen, ⅔ der Paprikaschoten pürieren. Mit 100 g Crème fraîche und 100 g Joghurt glatt rühren und etwas gehackten Thymian zugeben. Mit Salz und Pfeffer sowie ein Paar Tropfen Zitronensaft und Olivenöl würzen. Die restliche Paprika in feine Würfelchen schneiden und unterheben.
Passt gut zu gegrilltem Fleisch und Fisch.

TSATSIKI

150 g Quark, 80 g griechischen Joghurt und 4 EL Sahne glatt rühren. 1 Knoblauchzehe abziehen und dazupressen. 3 EL geschälte, entkernte und in 3 mm große Würfelchen geschnittene Salatgurke unterheben. Mit Salz und Pfeffer sowie ein paar Tropfen Zitronensaft und Tabasco würzen. Evtl. etwas gehackte Minze oder Dill unterrühren.
Passt sehr gut zu gegrilltem Lamm, Schweinekotelett, Gyros und gegrilltem Gemüse.

CHILI-LIMONEN-DIP

1 TL Chilipaste (z. B. Sambal Oelek) mit 2 abgezogenen Knoblauchzehen im Mörser zu einer feinen Paste zerstoßen. Mit 25 ml chinesischer Fischsauce, 60 ml heißem Wasser, 2 EL Limonensaft mit Fruchtfleisch und 25 g Zucker verrühren, bis sich der Zucker aufgelöst hat. 40 g sehr fein geschnittene Karottenstreifen unterrühren.
Passt gut zu kaltem oder warmem Fisch und zu Garnelen.

SWEET-CHILI-DIP

1 EL Sesamkörner in einer Pfanne ohne Fett goldgelb rösten. 150 g scharfe Sweet-Chili-Sauce und 100 ml Tomatenketchup glatt rühren. Den Sesam und 1 EL gehackte Petersilie oder gehackten Koriander zugeben. 1 Knoblauchzehe abziehen, hacken und mit einem Messer mit 1 Msp. Salz fein pürieren. In den Dip geben, mit Salz und Pfeffer sowie 1 TL Sojasauce würzen.
Passt hervorragend zu knusprigen Frühlingsrollen, gegrillten Garnelen oder zu Tempuragemüse.

DESSERTSAUCEN

warm & kalt serviert

OB MIT SCHOKOLADE, VANILLE ODER NOUGAT CREMIG GERÜHRT, MIT EIGELB UND WEIN LUFTIG AUFGESCHLAGEN ODER AUS SAFTIGEN FRÜCHTEN PÜRIERT – DIESE KÖSTLICHEN SAUCEN KRÖNEN JEDES DESSERT.

VANILLESAUCE
der feine Klassiker

WAS WÄREN APFELSTRUDEL, DAMPFNUDELN ODER EIN
SCHOKOLADEPUDDING OHNE EINE CREMIGE VANILLESAUCE,
DIE SICH AUCH RAFFINIERT VERFEINERN LÄSST.

Zutaten für 4 Portionen

2 Vanilleschoten

3 Eigelb

50 g Zucker

125 ml Milch

125 g Sahne

Zeitbedarf
- 30 Minuten

So geht's

1. Die Vanilleschoten mit einem scharfen Messer der Länge nach aufschlitzen.

2. Die Eigelbe mit dem Zucker in eine Schüssel aus Edelstahl geben und mit dem Schneebesen cremig rühren [→a]. Die Milch und die Sahne in einem Topf mit den Vanilleschoten aufkochen. Die Vanilleschoten aus der kochenden Milch nehmen, das Mark herausschaben [→b] und zur Eigelb-Zucker-Mischung geben.

3. Die heiße Milch-Sahne-Mischung nach und nach unter die Eigelb-Zucker-Mischung gießen, dabei ständig umrühren. Die Schüssel auf ein heißes Wasserbad setzen und die Sauce knapp unter dem Siedepunkt zur Rose abziehen, d. h. so lange rühren, bis sie dickflüssig ist. [→c].

4. Die Sauce sofort vom Herd nehmen und warm oder kalt servieren. Während die Sauce abkühlt, gelegentlich umrühren, damit sie keine Haut bilden kann.

Passt zu Kuchen, zu Bratäpfeln, zu Eiscreme, zu roter Grütze und Früchten, zu warmen Mehlspeisen, Soufflés und Cremes.

Die Varianten

Vanille-Mokka-Sauce
Eine Vanillesauce nach Grundrezept zubereiten. 1 EL Zucker in einem Topf karamellisieren, 60 ml starken Mokka oder Espresso sowie 40 ml Kaffeelikör einrühren und so lange köcheln lassen, bis sich der Zucker aufgelöst hat und die Sauce sirupartig ist. Die Vanillesauce und den Mokkasirup vermischen oder – weil dekorativer – getrennt über das Dessert geben.

Vanille-Orangen-Sauce
1 EL kandierte, fein geschnittene Orangenstreifen in einem Topf in Zuckerwasser 30 Minuten köcheln lassen. Im Kühlschrank 3 Tage ziehen lassen. Durch ein Sieb passieren und mit 20 ml Orangenlikör unter die nach Grundrezept zubereitete Vanillesauce rühren.

SO SCHMECKT'S AUCH Für eine einfache Variante der Vanillesauce ½ l Milch in einem Topf zum Kochen bringen. ½ Vanilleschote längs aufschlitzen, das Mark herausschaben und zur Milch geben. 15 g Vanillecremepulver, 70 g Zucker und 1 Eigelb mit etwas kalter Milch verrühren. In die Milch geben und unter ständigem Rühren kurz aufkochen lassen. Durch das Cremepulver wird die Sauce gebunden und das Eigelb flockt beim Kochen nicht aus. Passt besonders gut zu roter Grütze und zu Früchten.

[a]

[b]

DAS IST
wirklich
WICHTIG

[a] SCHAUMIG RÜHREN In einer Schüssel die Eigelbe und den Zucker mit einem Schneebesen so lange rühren, bis eine cremige Masse entsteht.

[b] VANILLEMARK Für die Sauce wird nur das Mark gebraucht, das man mit einem Messer aus der längs aufgeschlitzten Vanilleschote schabt.

WIE EINE ROSE SIEHT DIE SAUCE AUS, WENN MAN DARAUF BLÄST.

[c] ZUR ROSE ABZIEHEN Die Vanillesauce wird über einem heißen Wasserbad zubereitet. Es darf nicht sprudelnd kochen und die Schüssel darf das Wasser nicht berühren, da sonst das Eigelb ausflockt. Die Vanillesauce so lange unter Rühren erhitzen (nicht kochen), bis sie auf dem Löffel liegen bleibt und sich, wenn man darauf bläst, Kringel bilden, die an eine Rose erinnern.

[c]

SCHOKOLADENSAUCE
feine kalte Variante

SCHOKOLADE MÖGEN ALLE! OB ZARTBITTER, VOLLMILCH ODER DIE
WEISSE VARIANTE – HIER FINDET JEDER SEINE LIEBLINGSSAUCE.

Zutaten für 4 Portionen

70 g Zartbitterkuvertüre
oder -schokolade

3 Eigelb

50 g Zucker

125 ml Milch

125 g Sahne

20 ml dunkle Crème de Cacao

Zeitbedarf
▪ 30 Minuten

So geht's

1. Die Schokolade in kleine Stücke brechen oder die Kuvertüre mit einem Messer hacken.

2. Die Eigelbe und den Zucker in eine Schüssel geben und mit dem Schneebesen verrühren. So lange rühren, bis die Masse cremig ist und das doppelte Volumen hat.

3. Die Milch und die Sahne in einem Topf aufkochen lassen. Nach und nach unter die Eigelb-Zucker-Mischung rühren. Die Schüssel auf ein Wasserbad setzen und die Mischung zur Rose abziehen, d. h. knapp unter dem Siedepunkt (bis ca. 80 °C) unter ständigem Rühren langsam erhitzen, bis die Sauce bindet. Sie darf auf keinen Fall kochen.

4. Die zerkleinerte Schokolade oder Kuvertüre in einer Schüssel über dem Wasserbad oder im Backofen bei 50 °C schmelzen [→a]. Die geschmolzene Schokolade nach und nach mit der Sauce vermischen und gut verrühren [→b].

5. Die Schokoladensauce mit Crème de Cacao abschmecken und erkalten lassen.

Passt gut zu warmen und kalten Bananendesserts, zu Eisbechern, Cremes und Puddings.

SO SCHMECKT'S AUCH Für eine raffinierte, scharfe Variante 1 Chilischote entkernen und in sehr feine Würfelchen schneiden. Die Schokoladensauce damit zum Schluss abschmecken. So kann man die Schärfe besser dosieren, als wenn man die Chilischote bereits von Anfang an mit der Milch und der Sahne aufkocht.

Die Variante

Weiße Schokoladensauce
3 Eigelbe und 35 g Zucker in einer Schüssel cremig rühren. 125 ml Milch und 125 g Sahne in einem Topf zum Kochen bringen, nach und nach unter die Eigelbe rühren und die Mischung über dem Wasserbad zur Rose abziehen. Die Sauce darf nicht kochen. 50 g weiße Kuvertüre in einer Schüssel über dem Wasserbad oder im Backofen bei 50 °C schmelzen. Die Kuvertüre nach und nach in die Sauce geben und gut verrühren. Mit 20 ml weißer Crème de Cacao abschmecken und erkalten lassen. Diese Sauce kann kalt und warm verwendet werden.
Passt gut zu Himbeer- oder Erdbeerdesserts, zu Eisbechern, zu Schokovariationen und eignet sich auch als Pralinenfüllung. Die Sauce lässt sich auch sehr gut zu weißem Schokoladeneis gefrieren.

DAS IST *wirklich* WICHTIG

[a] SCHMELZEN Schmelzen Sie die Schokolade entweder über dem Wasserbad oder (die sicherste Methode) im Backofen bei knapp 50 °C. Die Schokolade darf keinesfalls zu heiß werden, sonst wird sie grieselig und stumpf.

[b] VERRÜHREN Die Milch-Sahne-Eigelb-Mischung muss langsam nach und nach mit der geschmolzenen Schokolade vermischt werden, dabei gut umrühren.

[a]

SCHOKOSAUCE
mit Rum

Zutaten für 4 Portionen

30 g Zartbitterschokolade

200 ml Läuterzucker
(siehe Seite 149)

30 g Kakaopulver

25 g Butter

60 g Sahne

40 ml Rum

1 Msp. Vanillemark

1 Prise Salz

Zeitbedarf
- 20 Minuten

So geht's

1. Die Zartbitterschokolade in Stücke brechen oder mit dem Messer grob hacken.

2. Den Läuterzucker in einem Topf zum Kochen bringen, die Schokolade, den Kakao, die Butter, die Sahne und den Rum unterrühren und 5 Minuten bei kleiner Hitze unter ständigem Rühren köcheln lassen.

3. Die Sauce durch ein feines Sieb passieren. Das Vanillemark unterrühren und die Sauce mit einer kleinen Prise Salz abschmecken.

Passt gut zu kalten und warmen Bananendesserts, zu Cremes und Puddings, zu Kaffeedesserts (Creme oder Mousse) oder zu Eis.

SCHOKOSAUCE
die warme Variante

Zutaten für 4 Portionen

150 g Zartbitterkuvertüre oder -schokolade

150 g Sahne

1 EL Zucker oder Honig

40 ml dunkle Crème de Cacao

Zeitbedarf
- 15 Minuten

So geht's

1. Die Kuvertüre hacken oder die Schokolade in kleine Stücke brechen.

2. Die Sahne und den Zucker in einer Kasserolle aufkochen lassen. Die zerkleinerte Schokolade in einer Schüssel über dem Wasserbad oder im Backofen bei 50 °C schmelzen lassen.

3. Die heiße Sahne nach und nach in die geschmolzene Schokolade einrühren und gut verrühren. Die Schokosauce mit etwas Crème de Cacao verfeinern.

Passt gut zu Eis, besonders zu Vanilleeis.

SO SCHMECKT'S AUCH Wenn Sie die Sauce für Kinder zubereiten, ersetzen Sie die kräftige Zartbitterschokolade durch Vollmilchschokolade oder -kuvertüre. Den Alkohol weglassen und die Sauce mit dem ausgeschabten Mark von ½ Vanilleschote verfeinern.

NOUGATSAUCE
fein und nussig

Zutaten für 4 Portionen

125 ml Milch

125 g Sahne

½ Vanilleschote

3 Eigelb

100 g Zucker

60 g Nougat

Zeitbedarf
▪ 20 Minuten

So geht's

1. Die Milch und die Sahne in einem Topf zum Kochen bringen. Die Vanilleschote längs aufschneiden, das Mark herausschaben und in den Topf geben. Die Eigelbe und den Zucker cremig rühren.

2. Die Milch-Sahne-Mischung langsam unter die Eigelbe rühren. Die Schüssel auf ein Wasserbad setzen und die Sauce zur Rose abziehen, d. h. unter ständigem Rühren so lange langsam erhitzen, bis sie dickflüssig wird. Die Sauce vom Wasserbad nehmen und beiseitestellen.

3. Den Nougat in einer Schüssel über dem Wasserbad schmelzen und nach und nach in die Sauce einrühren.

Die Sauce kann warm oder kalt verwendet werden. Passt gut zu Nuss- und Mandeldesserts, zu Eis, Torten, Kuchen, Tartes, Soufflés, Cremes und Crêpes.

MOKKASAUCE
mit Likör

Zutaten für 4 Portionen

125 ml Milch

125 g Sahne

60 g Zucker

8 g Vanillecremepulver

2 Eigelb

1 TL Instantkaffee

3 EL kalte Milch

20 ml Mokkalikör

Zeitbedarf
▪ 10 Minuten

So geht's

1. Die Milch, die Sahne und den Zucker in einem Topf aufkochen lassen.

2. Das Vanillecremepulver, die Eigelbe und den Instantkaffee mit etwas kalter Milch verrühren, in die Milch-Sahne-Mischung geben und aufkochen lassen. Dabei ständig rühren, denn die Sauce kann leicht anbrennen.

3. Die Sauce vom Herd nehmen und den Mokkalikör unterrühren. Die Sauce kann warm und kalt serviert werden.

Passt gut zu Schokoladendesserts, zu Schokoladeneis, zu Kaffeedesserts, Kaffeecocktails, zu Kirschen und zu Crêpes. Die Sauce kann auch gut zu Kaffee-Eis gefroren werden.

SO SCHMECKT'S AUCH Besonders kräftig schmeckt die Sauce, wenn man statt des Instantkaffees 4 EL flüssigen starken Espresso oder Mokka unterrührt.

[a]

DAS IST
wirklich
WICHTIG

[a] KARAMELLISIEREN Sobald der Zucker sich verflüssigt hat und an einer Stelle im Topf beginnt, braun zu werden, vorsichtig rühren und gleichmäßig goldgelb bräunen lassen. Der Zucker darf keinesfalls zu heiß sein, sonst verbrennt der Karamell und wird sehr bitter.

[b] KONSISTENZ Nach dem Angießen des Wassers so lange rühren, bis sich der Karamell vollständig aufgelöst hat. Die Sauce unter ständigem Rühren köcheln lassen, bis sie Blasen schlägt und am Kochlöffel haftet. Darauf achten, dass sie nicht anbrennt.

DICK UND SIRUPARTIG SOLL DIE SAUCE AM LÖFFEL HAFTEN.

[b]

KARAMELLSAUCE
das Grundrezept

DAS GEHEIMNIS LIEGT IM KARAMELLISIEREN. DER ZUCKER DARF KEINESFALLS ZU HEISS WERDEN, GOLDGELB GEFÄRBT SOLL ER SEIN, DANN HAT DIE SAUCE EINEN FEINEN MALZIGEN GESCHMACK.

Zutaten für 4 Portionen

60 g Zucker

250 ml Wasser

1 TL Speisestärke

40 ml Weinbrand oder Orangenlikör

etwas Zitronensaft

Zeitbedarf
▪ 20 Minuten

So geht's

1. Den Zucker in einen Topf mit schwerem Boden geben und bei mittlerer Temperatur erhitzen, bis der Zucker flüssig wird. Unter vorsichtigem Rühren goldgelb karamellisieren. [→a] Das Wasser zugeben (Vorsicht, es kann spritzen!) und unter ständigem Rühren so lange bei kleiner Hitze köcheln lassen, bis sich der Karamell vollständig aufgelöst und die Sauce eine sirupartige Konsistenz hat. [→b] Darauf achten, dass die Sauce nicht anbrennt.

2. Die Speisestärke in etwas kaltem Wasser auflösen, in die Sauce einrühren und nochmal aufkochen lassen.

3. Den Weinbrand unterrühren und die Karamellsauce mit ein paar Tropfen Zitronensaft abschmecken. Die Sauce lauwarm oder kalt servieren.

Passt zu Nuss-, Kaffee- und Mandeldesserts, zu Puddings und Cremes, zu Vanilleeis und eignet sich gut als Saucenspiegel für Milch- und Sahnedesserts.

Die Varianten

Pinienkernsauce
75 g Pinienkerne in einer Pfanne ohne Fett rösten. 100 g Zucker goldgelb karamellisieren, 100 g Sahne zugeben, unter Rühren bei kleiner Hitze köcheln, bis sich der Karamell aufgelöst hat. Pinienkerne zugeben, mit dem Saft von ½ Limone würzen.
Passt zu Vanillecrêpes, Eis, Mehlspeisen, Tartes, Kuchen, Soufflés.

Karamellsauce mit Rum
80 g Zucker goldgelb karamellisieren. 125 ml Wasser zugeben, unter Rühren bei kleiner Hitze köcheln, bis sich der Karamell ganz aufgelöst hat. 1 Zimtstange, 80 ml braunen Rum und 100 g Sahne zugeben, auf die Hälfte einkochen lassen. Die Zimtstange entfernen, 1 EL Butter in die Sauce geben, mit dem Stabmixer aufschäumen.
Passt zu Desserts mit Nüssen und Mandeln, Eis, Mehlspeisen, Tartes, Kuchen, Soufflés.

SO SCHMECKT'S AUCH Für eine cremige Sauce können Sie das Wasser auch durch Sahne ersetzen. Den karamellisierten Zucker mit 250 g Sahne ablöschen und unter ständigem Rühren so lange bei kleiner Hitze köcheln lassen, bis sich der Karamell aufgelöst hat.

SABAYON
klassische Weinschaumsauce

SCHAUMIG, LUFTIG, VERFÜHRERISCH – DIESE SÜSSE WEINSAUCE
STAMMT URSPRÜNGLICH AUS ITALIEN UND HEISST DORT ZABAIONE.

Zutaten für 4 Portionen

3 frische Eigelb

100 g Zucker

½ Vanilleschote

125 ml Weißwein

Saft von 1 Zitrone

Zeitbedarf
▪ 20 Minuten

So geht's

1. Die Eigelbe und den Zucker in eine Schüssel geben und cremig rühren [→a].

2. Die Vanilleschote längs aufschlitzen, das Mark herausschaben und mit dem Wein zu den Eigelben geben.

3. Die Schüssel auf ein warmes Wasserbad setzen und die Creme mit dem Schneebesen kräftig aufschlagen, bis sich das Volumen etwa verdoppelt hat. Dabei die Temperatur langsam erhöhen. So lange schlagen, bis es keine großen Bläschen mehr gibt und die Sauce bindet. [→b] Sie darf keinesfalls kochen.

4. Die Sabayon mit dem Zitronensaft abschmecken und möglichst sofort servieren, damit sie nicht zusammenfällt. Sollte das passieren, die Sauce über dem Wasserbad erneut aufschlagen.

Passt gut zu warmen, pochierten Früchten, zu warmen Tartes, zu Eisdesserts, Soufflés, Kuchen, zu roter Grütze, zu karamellisierten Früchten. Schmeckt aber auch pur sehr gut.

Die Varianten

Zabaione
3 Eigelbe, 1 ganzes Ei und 100 g Zucker cremig rühren, 80 ml Marsala dazugeben und die Creme über einem warmen Wasserbad mit dem Schneebesen schaumig aufschlagen.

Glühwein-Sabayon
3 Eigelbe mit 100 g Zucker cremig rühren. 125 ml kräftigen Glühwein (ist er sehr süß, nur ca. 40 g Zucker verwenden) und 50 ml schwarzen Johannisbeersirup sowie das Mark von ½ Vanilleschote dazugeben und die Creme über einem warmen Wasserbad schaumig aufschlagen. Mit dem Saft von ½ Zitrone abschmecken.

SO SCHMECKT'S AUCH Sie können den Weißwein auch durch Sekt oder Champagner ersetzen, was der Sabayon eine prickelnde Note gibt. Oder sie variieren mit Sirup oder Likör (z. B. Holunderblütensirup, Pfirsichlikör) und geben zusätzlich zum Weißwein jeweils ca. 2 EL zu.

DAS IST *wirklich* WICHTIG

[a]

[b]

[a] CREMIG RÜHREN Die Eigelbe mit dem Zucker in einer Schüssel mit einem Schneebesen zu einer sehr cremigen Masse rühren. Anschließend je nach Rezept Marsala oder Glühwein und Johannisbeersaft oder auch einen beliebigen Sirup oder Likör dazugeben.

[b] AUFSCHLAGEN Bereiten Sie das Sabayon auf dem Wasserbad zu. Beginnen Sie mit der Zubereitung, sobald das Wasser handwarm ist (ca. 40 °C) und erhöhen Sie die Temperatur nur langsam, sonst bekommt die Creme beim Aufschlagen nicht das nötige Volumen. Das Wasser maximal auf 80 °C erhitzen, sonst gerinnt das Eigelb. Das Sabayon so lange kräftig schlagen, bis es bindet und eine luftige Konsistenz hat.

RIESLINGSABAYON
kalte Weinschaumcreme

Zutaten für 4 Portionen

2 Blatt Gelatine

5 Eigelb

90 g Zucker

125 ml Riesling

125 ml Rieslingsekt

250 g Sahne

1 Zitrone

Zeitbedarf
- 25 Minuten +
  ca. 10 Minuten abkühlen

So geht's

1. Die Gelatine in kaltem Wasser einweichen.

2. Die Eigelbe und den Zucker in einer Schüssel cremig rühren. Den Weißwein und den Sekt zugeben. Die Schüssel auf ein heißes Wasserbad stellen und die Sauce knapp unter dem Siedepunkt mit einem Schneebesen mindestens 5 Minuten luftig aufschlagen, bis sie anfängt zu binden und dickflüssig wird.

3. Die Gelatine ausdrücken, in die warme Sauce geben und so lange rühren, bis sie sich aufgelöst hat. Die Sauce abkühlen lassen oder über einem kalten Wasserbad kalt schlagen.

4. Die Sahne steif schlagen. Die Zitrone auspressen. Das abgekühlte Sabayon mit Zitronensaft abschmecken und die Sahne unterheben. Dieses kalte Sabayon lässt sich gut im Voraus zubereiten.

Passt gut zu pochierten Früchten, zu Eisbechern, Cremes, zu Pudding, zu frischen Beeren und zu Tartes.

Die Varianten

Himbeer-Sabayon
Ein Sabayon nach Rezept zubereiten, dabei 50 g Himbeermark (Himbeeren pürieren und durch ein feines Sieb streichen) mit dem Wein und dem Sekt zugeben.

Nougat-Sabayon
25 g Nougat in 40 ml Nougatlikör über dem Wasserbad auflösen. Ein Sabayon nach Rezept zubereiten, dabei den aufgelösten Nougat mit dem Wein und dem Sekt zugeben.

Amaretto-Sabayon
Ein Sabayon nach Rezept zubereiten, dabei zusätzlich 50 ml Amaretto mit dem Wein und dem Sekt zugeben. Man kann das Rieslingsabayon auch mit anderen Likören (z. B. Pfirsichlikör) oder mit Sirup (z. B. Holunderblütensirup) verfeinern und zusätzlich ca. 2 EL zugeben.

OHNE GELATINE Wenn Sie keine Gelatine verwenden wollen, können Sie das Sabayon auch kalt aufschlagen und dann die geschlagene Sahne unterheben. Allerdings sollten Sie diese Variante nicht zu lange stehen lassen, sonst fällt sie zusammen.

KOKOSSAUCE
mit weißem Rum

Zutaten für 4 Portionen

150 ml cremige ungesüßte
Kokosmilch

15 ml weißer Rum

1 EL Zucker

etwas Zitronensaft

90 g Sahne

Zeitbedarf
▪ 20 Minuten

So geht's

1. Die Kokosmilch in einem Topf
zum Kochen bringen, den
weißen Rum zugeben und mit
Zucker und ein paar Tropfen
Zitronensaft würzen. Die Kokossauce mit dem Stabmixer
aufschlagen und etwas ab-
kühlen lassen.

2. Die Sahne in einem Rührbecher steif schlagen. Wenn die
Kokossauce auf Körpertempe-
ratur abgekühlt ist (wenn man
einen Löffel mit der Sauce an
die Lippen führt, darf man sie
weder als heiß noch als kalt
empfinden), die geschlagene
Sahne unterziehen.

Passt sehr gut zu Eiscremes
und zu exotischen Früchten.

KOKOSSAUCE
mit Ananas

Zutaten für 4 Portionen

50 g Sahne

1-2 EL Zucker

2 Zweige Currykraut

80 ml cremige Kokosmilch

50 ml Ananassaft

Zeitbedarf
▪ 10 Minuten +
20 Minuten ziehen lassen

So geht's

1. Die Sahne und den Zucker
(verwendet man sehr süßen
Ananassaft, nur wenig Zucker
zugeben, bei selbst gepresstem Saft ca. 2 EL) in einem
Topf erhitzen, das Currykraut
zugeben und 20 Minuten bei
abgeschalteter Herdplatte ziehen lassen.

2. Die Sauce anschließend durch
ein feines Sieb passieren, die
Kokosmilch und den Ananassaft unterrühren und mit dem
Stabmixer kurz schaumig aufschlagen.

Passt gut zu Desserts auf
Joghurtbasis, zu weißen Schokoladendesserts und zu Eis,
z. B. Sauerrahmeis. Mit selbst
gepresstem Ananassaft
schmeckt die Sauce natürlich
besonders gut.
Die Kokossauce schmeckt auch
als feines Süppchen, z. B. mit
Ananas-Eis kombiniert, sehr
lecker.

SO SCHMECKT'S AUCH Wenn Sie kein Currykraut bekommen, verwenden Sie
½ TL mildes Currypulver. Wenn Sie eine Variante ohne Curry zubereiten wollen, geben Sie 120 g frische Ananas, in kleine Würfelchen geschnitten, dazu
und würzen die Sauce mit dem Saft von ½ Limette.

145

ORANGENSAUCE
fruchtig & aromatisch

WARM ODER KALT, MIT VANILLE UND ORANGENLIKÖR VERFEINERT,
IST SIE EINE KÖSTLICHE ERGÄNZUNG FÜR VIELE DESSERTS.

Zutaten für 250 ml

1 Bio-Zitrone

2 Bio-Orangen

10 Stück Würfelzucker

1 Vanilleschote

2 EL Honig

40 ml Orangenlikör

125 ml Weißwein

60 g kalte Butter

Zeitbedarf
▪ 25 Minuten

So geht's

1. Die Zitrone und die Orangen unter heißem Wasser waschen und abtrocknen. Die Zuckerwürfel durch Reiben an den Orangen und der Zitrone aromatisieren. [→a] Die Früchte danach auspressen. Die Vanilleschote mit einem scharfen Messer der Länge nach halbieren.

2. Den Honig in einer Kasserolle erhitzen, die Zuckerwürfel zugeben und schmelzen lassen [→b]. Den ausgepressten Zitronen- und Orangensaft, die Vanilleschote, den Orangenlikör und den Wein zugeben und ca. 10 Minuten bei kleiner Hitze köcheln lassen. Die Vanilleschote herausnehmen.

3. Die kalte Butter in kleinen Würfeln in die Sauce geben [→c], mit dem Stabmixer aufschäumen. Die Sauce nur warm servieren, da sie durch die zugegebene Butter kalt nicht schmeckt.

Passt gut zu Crêpes (zu klassischen Crêpes Suzette), zu flambierten Erdbeeren, zu frischen Früchten, zu Eisdesserts, zu Pudding und Flammeri und kann als Saucenspiegel verwendet werden.

KALTE ORANGENSAUCE Für diese kalte Variante 400 ml frisch gepressten Orangensaft in eine Kasserolle geben. 1 Bio-Orange heiß waschen und abtrocknen. Die Schale sehr dünn (ohne weiße Haut) abschälen, die Schale in sehr feine Streifen schneiden und zum Orangensaft geben. Mindestens auf die Hälfte einkochen lassen. 80 g braunen Zucker und 40 ml Grand Marnier unterrühren. 1 TL Speisestärke in etwas kaltem Wasser auflösen und in die Sauce einrühren. Bei kleiner Hitze 5 Minuten köcheln lassen. Die Sauce anschließend erkalten lassen.
Die Sauce ist sehr süß (wer es nicht so süß mag, verwendet etwas weniger Zucker) und eignet sich sehr gut zum Marinieren von Früchten. Sie schmeckt auch sehr gut zu verschiedenen Eiscremes und Parfaits.

DAS IST
wirklich
WICHTIG

[a] AROMATISIEREN Um den Zucker auf diese Weise zu aromatisieren, verwenden Sie am besten unbehandelte Bio-Zitrusfrüchte, die sie gründlich unter heißem Wasser waschen.

[b] SCHMELZEN Die Zuckerwürfel in den Fruchtsaft geben und langsam auflösen lassen, dabei ständig umrühren. Der Zucker darf nicht anbrennen, sonst wird die Sauce bitter.

[c] BINDEN Geben Sie kurz vor dem Servieren eiskalte Butter in kleinen Stückchen in die Sauce. So bindet die Butter besser, als wenn sie Zimmertemperatur hätte.

FRUCHTSAUCEN
püriert & raffiniert verfeinert

DIE EINFACHSTE METHODE, EINE FRUCHTSAUCE ZUZUBEREITEN, IST ES, DIE ROHEN
FRÜCHTE MIT ETWAS ZUCKER ZU PÜRIEREN UND DURCH EIN SIEB ZU STREICHEN.

HIMBEERSAUCE

200 g Himbeeren mit 50 ml Läuterzucker (siehe Rezept unten) pürieren, 50 ml trockenen kräftigen Rotwein zugeben und aufkochen. 20 ml Himbeergeist zugeben, die Sauce mit dem Saft von ½ Zitrone würzen und gegebenenfalls mit etwas Zucker nachsüßen. Die Sauce durch ein feines Sieb passieren. Passt zu Vanilleeis, zu Quarkmehlspeisen und zu Soufflés.

ERDBEERSAUCE

200 g Erdbeeren waschen, putzen und mit dem Stabmixer pürieren. 50 g Zucker, 50 ml Wasser oder Sekt und die abgeriebene Schale von 1 Bio-Orange in einem Topf zum Kochen bringen, auf die Hälfte einkochen und abkühlen lassen. Durch ein feines Sieb zu dem Erdbeerpüree geben und mit 20 ml Erdbeerlikör verfeinern.
Passt zu Vanilleeis und anderen Eissorten, zu Cremes und Desserts aus weißer Schokolade.

ANANASSAUCE

200 g frisches Ananas-Fruchtfleisch klein schneiden und pürieren. 100 ml Läuterzucker (siehe unten), ½ Vanilleschote und 40 ml Weißwein in einem Topf zum Kochen bringen und 20 ml weißen Rum zugeben. ½ TL Speisestärke in kaltem Wasser auflösen und in die Sauce einrühren. 100 g Ananas-Fruchtfleisch in 5 mm große Würfel schneiden, in die Sauce geben und 2 Minuten mitkochen. Die Sauce vom Herd nehmen, die Vanilleschote herausnehmen, aufschlitzen, das Mark ausschaben und unter die Sauce rühren. Abkühlen lassen. Passt gut zu Kokoscreme oder -soufflé, zu Desserts mit Früchten oder auch zu Cocktails.

LÄUTERZUCKER

Er lässt sich sehr vielseitig verwenden: zum Einlegen von Früchten, zum Tränken von Savarins, zum Verfeinern von Saucen, für Cocktails oder als Grundlage für Sorbets und zum Süßen, wenn Zuckerkörnchen stören.
Für ½ l Läuterzucker ¼ l Wasser und 250 g Zucker in einem Topf verrühren. ½ Bio-Zitrone und ½ Bio-Orange so dünn schälen, dass keine weiße Haut mehr anhaftet. Die Schalen in das Zuckerwasser geben. 1 Vanilleschote der Länge nach halbieren, das Mark ausschaben. Schote und Mark in das Zuckerwasser geben, aufkochen und 5 Minuten bei kleiner Hitze köcheln lassen. Danach abkühlen lassen. Heiß abgefüllt und gut verschlossen, lässt sich Läuterzucker einige Wochen kühl lagern. Man kann Läuterzucker auch mit anderen Geschmacksträgern verfeinern, z.B. mit Zimt, Anis, Zitronengras, Ingwer oder mit Likören.

BROMBEERSAUCE

200 g Brombeeren mit 50 ml Läuterzucker (siehe Rezept unten) pürieren, 50 ml trockenen kräftigen Rotwein zugeben und aufkochen. 20 ml Brombeergeist zugeben, die Sauce mit dem Saft von ½ Zitrone würzen und gegebenenfalls mit etwas Zucker nachsüßen. Die Sauce durch ein feines Sieb passieren. Passt zu Vanilleeis, zu Quarkmehlspeisen und zu Soufflés.

GRANATAPFELSAUCE

2 Granatäpfel halbieren, die Kerne vorsichtig mit einem Teelöffel oder einer Gabel herauslösen, den Saft dabei auffangen. 1 EL Kerne beiseite stellen. Die restlichen Kerne mit dem Stabmixer ganz kurz anmixen, damit die Kerne aufbrechen, dann mit einem Teigschaber durch ein Sieb streichen. Die Saftmenge sollte 200 ml ergeben, evtl. mit Wasser ergänzen. 30 g braunen Zucker in einem Topf karamellisieren, mit dem Granatapfelsaft ablöschen und einkochen lassen. Gegebenenfalls mit etwas in kaltem Wasser angerührter Speisestärke binden. Die Sauce mit Zitronensaft würzen und nach Belieben mit 1 EL Grenadine verfeinern. Die Granatapfelkerne zufügen und die Sauce abkühlen lassen.
Da das Auspressen der Granatäpfel etwas umständlich ist und ein ziemliches Gekleckere verursacht, kann man auch 200 ml Granatapfelsaft aus der Flasche verwenden.
Passt besonders gut zu Vanilledesserts, zu Panna cotta oder zu einer Mascarponecreme. Schmeckt aber auch zu kalten und warmen Wildgerichten.

WELCHE SAUCE PASST WOZU?

FLEISCH

Apfelchutney 128
Apfelsauce mit Cidre 105
Balsamico-Reduktion 107
Bärlauchpesto 121
Bärlauchsauce 55
Basilikumöl 107
Beurre blanc 81
Beurre rouge 80
Bratensauce 27
Brennnesselsauce 50
Café-de-Paris-Butter 85
Chiantisauce 36
Chili-Chutney 128
Chorizo-Paprika-Jus 107
Cognacrahmsauce 31
Cranberry-Chutney 129
Cumberlandsauce 107
Curry-Chili-Butter 82
Currysauce mit Früchten 101
Currysauce 100
Estragonsauce 55
Gorgonzolasauce 54
Grüne Sauce 57
Harissasauce 92
Joghurt-Dressing 110
Kapern-Dip 131
Kapernsauce 51
Karottensauce mit Curry 98
Knoblauch-Dip 131
Kräuterbutter 82
Lammsauce mit Oliven 36
Limettensauce 105
Mango-Chutney 126
Marsalasauce 61
Mayonnaise 116
Meerrettichsauce 53
Minzsauce 107
Morchelrahmsauce 28
Orangen-Salsa mit Tomaten 125
Orangensauce mit Pilzen 102

Paprika-Dip 131
Pesto alla genovese 121
Petersilienpesto 123
Pfefferbutter 82
Pfefferrahmsauce 61
Rahmsauce mit grünem Pfeffer 31
Rahmsauce mit Pfifferlingen 30
Rahmsauce mit Steinpilzen 30
Rahmsauce 61
Ratatouille-Sauce 93
Roquefort-Dip 131
Roquefort-Dressing 110
Rotwein-Portwein-Sauce 45
Rotweinsauce 45
Salsa verde 124
Sauce béarnaise 80
Sauce Choron 78
Sauce hollandaise 78
Schalottenbutter mit Portwein 84
Senfbutter 85
Senfsauce 61
Süß-saure Sauce 45
Tomaten-Dip 131
Tomatensauce all'arrabiata 96
Tomatensauce mit Oregano 96
Trüffelsauce 33
Tsatsiki 131
Vinaigrette asiatisch 115
Vinaigrette mit Avocado 114
Vinaigrette mit Balsamico 112
Vinaigrette mit Gemüse 114
Vinaigrette mit Rotwein 112
Vinaigrette mit Tomaten 113
Vinaigrette mit Topinambur und
   Trüffel 115
Weißwein-Gemüse-Sauce 68
Weißweinsauce mit Petersilien-
   wurzeln 50
Weißweinsauce 61
Weißwein-Senf-Sabayon 75
Zitronengras-Kokos-Sauce 61

Zitronensauce 61
Zitruschutney 129
Zwiebeljus mit Rosinen 35
Zwiebelsauce 45

GEFLÜGEL

Apfelsauce mit Cidre 105
Balsamico-Reduktion 107
Basilikumöl 107
Brennnesselsauce mit Spinat 50
Brombeersauce 43
Curry-Chili-Butter 82
Currysauce mit Chili 100
Currysauce mit Früchten 101
Currysauce mit Kokosmilch 101
Currysauce 100
Entensauce mit Orangen 43
Entensauce 43
Estragonsauce 55
Himbeersauce 45
Joghurt-Dressing 110
Karottensauce mit Curry 98
Mandelbutter 84
Mango-Chutney 126
Maronensauce 58
Marsalasauce 61
Mayonnaise 116
Orangen-Salsa mit Tomaten 125
Orangensauce mit Basilikum 104
Pflaumensauce mit Aprikosen 104
Pflaumensauce mit Armagnac 35
Rahmsauce 61
Rahmsauce mit Pfifferlingen 30
Rahmsauce mit Steinpilzen 30
Sauce béarnaise 80
Sauce Choron 78
Sauce Dijon 78
Sauce mousseline 78
Tomatensauce all'arrabiata 96
Tomatensauce mit frischen
   Kräutern 94

Tomatensauce mit Oregano 96
Trüffelsauce 33
Vinaigrette asiatisch 115
Vinaigrette mit Avocado 114
Vinaigrette mit Balsamico 112
Weißwein-Gemüse-Sauce 68
Weißwein-Senf-Sabayon 75
Weißweinsauce 61
Weißweinsauce mit Petersilien-
   wurzeln 50
Zitronengras-Kokos-Sauce 61

WILD

Apfel-Chutney 128
Cognacrahmsauce 31
Mandelbutter 84
Maronensauce 58
Morchelrahmsauce 28
Pfefferbutter 82
Pfefferrahmsauce 61
Pflaumen-Chutney 126
Pflaumensauce mit Armagnac 35
Preiselbeersauce 41
Quitten-Korinthen-Sauce 39
Rahmsauce mit Pfifferlingen 30
Rahmsauce 61
Schalottenbutter mit Portwein 84
Trüffelsauce 33
Wacholderrahmsauce 41
Walnusspesto 123
Wildsauce mit Sauerkirschen 39
Zwiebeljus mit Rosinen 35

FISCH & KRUSTENTIERE

Balsamico-Reduktion 107
Basilikumöl 107
Beurre blanc 81
Champagnersauce 67
Chili-Chutney 128
Chili-Limonen-Dip 131
Cocktailsauce 119

Curry-Chili-Butter 82
Currysauce mit Chili 100
Currysauce 100
Currysauce 75
Curry-Vanille-Öl 107
Dill-Senf-Sauce 67
Estragonsauce 55
Grüne Sauce 57
Harissasauce 92
Hummerrahmsauce 72
Kapernsauce 51
Karottensauce mit Curry 98
Kräuterbutter 82
Mango-Chutney 126
Mayonnaise mit Champagner 118
Mayonnaise mit Wasabi 118
Mayonnaise 116
Meerrettichsauce 53
Noilly-Prat-Sauce 67
Nussbutter 87
Olivenpesto 122
Orangensauce mit Basilikum 104
Orangen-Vanille-Öl 107
Paprika-Dip 131
Paprikasauce mit Portwein 69
Pesto alla genovese 121
Petersilienpesto 123
Portweinschaum 75
Ricottasauce mit Basilikum 51
Salsa verde 124
Sauce béarnaise 80
Sauce Choron 78
Sauce hollandaise 78
Sauerampfer-Sauce 69
Sweet-Chili-Dip 131
Tomaten-Dip 131
Tomatenschaum 97
Vanille-Beurre-blanc mit
    Champagner 81
Vinaigrette asiatisch 115
Vinaigrette mit Avocado 114
Vinaigrette mit Balsamico 112
Vinaigrette mit Topinambur und
    Trüffel 115
Weißwein-Gemüse-Sauce 68

Weißwein-Sahne-Sauce 75
Weißweinsauce mit Petersilien-
    wurzeln 50
Weißweinsauce mit Safran 67
Weißwein-Senf-Sabayon 75
Zitronenbutter 87
Zitronen-Orangen-Sauce 75
Zitrus-Chutney 129
Zwiebelsauce 45

PASTA UND REIS

Auberginensauce mit Tomaten 92
Bärlauchpesto 121
Bärlauchsauce 55
Brennnesselsauce 50
Bröselbutter 87
Currysauce mit Chili 100
Currysauce mit Früchten 101
Currysauce mit Kokosmilch 101
Currysauce 100
Gorgonzolasauce 54
Haselnuss-Brösel-Butter 87
Hummerrahmsauce 72
Mango-Chutney126
Mayonnaise mit Wasabi 118
Morchelrahmsauce 28
Olivenpesto 122
Pesto alla genovese 121
Pesto rosso 122
Rahmsauce mit grünem Pfeffer 31
Rahmsauce mit Steinpilzen 30
Ratatouille-Sauce 93
Ricottasauce mit Basilikum 51
Schmorsauce vom Hirsch-
    gulasch 40
Süß-saure Sauce 45
Tomatensauce all'arrabiata 96
Tomatensauce mit frischen
    Kräutern 94
Tomatensauce mit Oregano 96
Walnusspesto 123
Weißweinsauce mit Petersilien-
    wurzeln 50
Zitronengras-Kokos-Sauce 61

GEMÜSE & KARTOFFEL

Bärlauchsauce 55
Basilikumöl 107
Beurre rouge 80
Bröselbutter 87
Chili-Chutney 128
Cocktailsauce 119
Curry-Chili-Butter 82
Currysauce mit Kokosmilch 101
Currysauce 100
Gorgonzolasauce 54
Grüne Sauce 57
Harissasauce 92
Joghurt-Dressing 110
Karottensauce mit Curry 98
Knoblauch-Dip 131
Kräuter-Dip 131
Kräuterbutter 82
Mandelbutter 87
Mayonnaise 116
Mayonnaise mit Wasabi 118
Meerrettichsauce 53
Nussbutter 87
Orangen-Salsa mit Tomaten 125
Orangensauce mit Basilikum 104
Pesto alla genovese 121
Pesto rosso 122
Pfefferbutter 82
Polnische Nussbutter 87
Ratatouille-Sauce 93
Roquefort-Dip 131
Roquefort-Dressing 110
Sauce béarnaise 80
Sauce Dijon 78
Sauce hollandaise 78
Schafskäse-Dip 131
Süß-saure Sauce 45
Sweet-Chili-Dip 131
Tomatensauce all'arrabiata 96
Tomatensauce mit frischen
    Kräutern 94
Tomatensauce mit Oregano 96
Tomatenschaum 97
Tsatsiki 131
Vinaigrette asiatisch 115

Vinaigrette mit Chili 113
Vinaigrette mit Gemüse 114
Vinaigrette mit Topinambur und
    Trüffel 115
Weißwein-Senf-Sabayon 75

SALATE

Cocktailsauce 119
Curry-Vanille-Öl 107
French Dressing 119
Joghurt-Dressing 110
Mais-Salsa mit Tomaten 124
Mayonnaise mit Wasabi 118
Mayonnaise 116
Reiswein-Vinaigrette 110
Vinaigrette asiatisch 115
Vinaigrette mit Balsamico 112
Vinaigrette mit Chili 113
Vinaigrette mit Gemüse 114
Vinaigrette mit Rotwein 112
Vinaigrette 110

DESSERTS & KUCHEN

Ananassauce 149
Balsamico-Reduktion 107
Brombeersauce 149
Erdbeersauce 149
Glühwein-Sabayon 142
Granatapfelsauce 149
Himbeersauce 149
Karamellsauce 141
Kokossauce mit Ananas 145
Kokossauce mit Rum 145
Mokkasauce 139
Nougatsauce 139
Orangensauce 146
Pinienkernsauce 141
Riesling-Sabayon 144
Sabayon 142
Schokoladensaucen 136
Schokosauce mit Rum 138
Schokosauce, warme 138
Vanille-Mokka-Sauce 134
Vanille-Orangen-Sauce 134
Vanillesauce 134

KLEINE PANNENHILFE

BEI DER ZUBEREITUNG VON SAUCEN KANN, AUCH WENN MAN SICH GENAU AN DAS REZEPT HÄLT, SCHON MAL WAS SCHIEFGEHEN. KEIN GRUND, ZU VERZWEIFELN, DENN IN DEN MEISTEN FÄLLEN LASSEN SICH DIE PANNEN MIT EINFACHEN MITTELN BEHEBEN. UND SOLLTE EINE GERONNENE SAUCE WIRKLICH NICHT MEHR ZU RETTEN SEIN, DANN MUSS MAN EBEN IN DIESEM FALL NOCH MAL NEU BEGINNEN.

FOND IST TRÜB

Wenn der Fond nach dem Kochen trüb ist, haben Sie ihn wahrscheinlich zu selten abgeschäumt. Oft genügt es dann, ihn vorsichtig durch ein Passiertuch zu geben. Soll er ganz klar sein, erhitzen Sie den Fond und geben Sie 2 Eiweiße unter Rühren dazu. Aufkochen lassen und beiseitestellen. Nicht mehr umrühren. Nach ca. 10 Minuten hat das Eiweiß die Trübstoffe gebunden und die gestockten Eiweißflocken können mit einem Schaumlöffel entfernt werden. Den Fond dann durch ein mit einem Tuch ausgelegtes Sieb passieren.

FOND IST ZU FETT

Wenn Sie den Fond nicht sofort weiterverarbeiten, lassen Sie ihn abkühlen und stellen Sie ihn in den Kühlschrank. An der Oberfläche bildet sich dann eine Fettschicht, die Sie leicht mit einem Löffel abheben können. Wollen Sie den Fond jedoch sofort weiterverwenden, saugen Sie das Fett mit Küchenpapier ab. Dafür mehrere Lagen Papier vorsichtig über die Oberfläche des Fonds ziehen. Sie können das Fett auch mit einem Löffel, den Sie nur bis knapp über den Löffelrand eintauchen, vorsichtig abschöpfen.

SAUCE IST ZU FETT

In diesem Fall lassen Sie die Sauce abkühlen und stellen Sie sie in den Kühlschrank. Die Fettschicht, die sich dann an der Oberfläche bildet, können Sie danach leicht mit einem Löffel abheben.

SAUCE IST ZU DICK

Verdünnen Sie die Sauce mit etwas Flüssigkeit. Je nach Rezept können das Fond, Wein, Milch, Sahne oder einfach etwas Wasser sein. Geben Sie die Flüssigkeit nur in kleinen Mengen zu, am besten löffelweise, und würzen Sie dann etwas nach. Evtl. anschließend mit dem Pürierstab luftig aufschäumen.

SAUCE IST ZU DÜNN

Wenn es sich um eine ungebundene Sauce handelt, einfach bei kleiner Hitze etwas einkochen lassen, bis die gewünschte Konsistenz erreicht ist. Oder mit etwas Crème fraîche oder mit kalten Butterflöckchen binden. Gebundene Saucen können Sie auch einfach „nachbinden", d.h. noch etwas mehr von dem verwendeten Bindemittel (Speisestärke, Butter, Mehlbutter, Sahne etc.) zugeben. Siehe dazu auch Seite 20.

SAUCE IST ZU BITTER

Gegen Bitterstoffe in der Sauce, die z. B. durch zu starkes Rösten entstehen, ist nicht ganz einfach anzugehen. Verdünnen Sie in einem ersten Schritt die Sauce. Versuchen Sie die bitteren Aromen durch Nachwürzen zu überdecken oder schmecken Sie mit einer Prise Zucker ab. Bei Dessertsaucen verwenden Sie am besten süßen Orangensaft oder einen entsprechenden Sirup. Oft hilft aber auch die Zugabe von etwas Alkohol.

SAUCE IST ZU SALZIG

Meist lassen sich die Saucen durch Verlängern retten. Ist sie dann zu dünnflüssig, einfach mit etwas Speisestärke binden. Hilfreich ist eine geriebene rohe Kartoffel, die in der Sauce mitgekocht wird und das Salz etwas bindet. Kräftig köcheln lassen und die Sauce danach mit dem Stabmixer aufschlagen.

SAUCE IST ZU SCHARF

In diesem Fall kann man von der asiatischen Küche lernen: Fügen Sie der Sauce ein Sauermilchprodukt wie Sauerrahm oder Joghurt zu. Wenn das geschmacklich nicht passt, versuchen Sie es mit etwas Zitronensaft oder Essig. Oft genügt es auch, die Sauce, je nach Rezept, mit etwas Fond, Brühe, Sahne oder Wasser zu verlängern.

SAUCE SCHMECKT MEHLIG

Um einen unangenehmen Mehlgeschmack zu vermeiden, muss eine mit Mehl zubereitete Sauce mindestens 10 Minuten köcheln. Stellen Sie in diesem Fall die Sauce noch einmal auf den Herd und lassen Sie sie entsprechend lang bei kleiner Hitze köcheln. Und vergessen Sie nicht, immer wieder umzurühren, damit die Sauce nicht anbrennt.

SAUCE IST ANGEBRANNT

Auch bei diesem Malheur ist die Sauce in der Regel noch zu retten. Nehmen Sie den Topf sofort vom Herd und rühren Sie keinesfalls mehr um. Gießen Sie die Sauce vorsichtig in einen neuen Topf und fahren Sie mit der Zubereitung fort. Meistens lässt sich ein leichter Geschmack nach Angebranntem durch Würzen überdecken. Ist die Sauce allerdings stark verbrannt, enthält sie zu viele Bitterstoffe und kann nicht mehr verwendet werden.

SAUCE HAT KLÜMPCHEN

Die unerwünschten Klümpchen können sich bilden, wenn beim Aufschlagen von Saucen mit Eigelb die Temperatur zu hoch ist und die Proteine ausflocken. Auch wenn man eine Mehlschwitze mit heißer statt mit kalter Flüssigkeit aufgießt und die Sauce zu schnell eindickt, kann das passieren. Und auch wenn man Speisestärke nicht gründlich genug verrührt, können kleine Klümpchen entstehen. Dieses Problem lässt sich meist einfach lösen: Die Sauce mit dem Stabmixer aufschlagen und anschließend durch ein feines Sieb passieren

SAUCE GERINNT

Wenn eine Sauce mit Eigelb, Milch oder Sahne gebunden wird und die Flüssigkeit zu heiß ist, flocken die Proteine aus. Kühlen Sie in diesem Fall die Sauce rasch ab und schäumen Sie sie mit dem Stabmixer auf. Ist der Gerinnungsprozess jedoch bereits weiter fortgeschritten, geben Sie die Sauce durch ein feines Sieb und versuchen Sie, mit der verbliebenen Flüssigkeit weiterzuarbeiten.

SAUCE IST ZU FARBLOS

Das Auge isst ja bekanntlich mit. Und durch Zugabe von färbenden Gewürzen, z. B. Kurkuma, Safran oder Paprikapulver, lassen sich Saucen appetitlich „verschönern". Auch mit Tomatenmark oder etwas Pesto kann man, wenn es zum Rezept passt, farbliche Akzente setzen.

SAUCE IST ZU SÜSS

Wenn dies bei Dessertsaucen auf Milch- oder Sahnebasis passiert, verdünnen Sie sie einfach mit etwas geschlagener Sahne. Geben Sie die Sahne nur löffelweise zu, damit die Sauce nicht zu dünnflüssig wird. Bei Fruchtsaucen balancieren Sie die Süße durch Zitronensaft aus, den Sie tropfenweise zufügen.

SAUCE IST ZU HELL

Ist eine dunkle Sauce zu blass geraten, greift man in der Profiküche zu Zuckercouleur (karamellisiertem Zucker), die es auch fertig in kleinen Fläschchen zu kaufen gibt. Man kann auch eine Scheibe zerbröckelten Pumpernickel zugeben und die Sauce anschließend mit dem Mixstab pürieren und durch ein Sieb passieren.

SAUCE SCHMECKT ZU FAD

Nachwürzen und gegebenenfalls noch ein wenig reduzieren: Das reicht in den meisten Fällen aus, um einer Sauce zu mehr Aroma zu verhelfen. Fein gehackte Kräuter bringen ebenfalls immer eine geschmackliche Verbesserung. Auch das Hinzufügen von etwas Zitronensaft, wo es passt, ist ein bewährtes Mittel, um den Eigengeschmack der verwendeten Zutaten zu verstärken.

MAYONNAISE GERINNT

Das kann passieren, wenn nicht alle Zutaten Zimmertemperatur haben oder auch dann, wenn man das Öl anfangs nicht tropfenweise, sondern zu schnell zugibt. In diesem Fall müssen Sie noch einmal von vorne anfangen: Verrühren Sie 1 Eigelb mit etwas Senf und ein paar Tropfen Zitronensaft und geben Sie statt des Öls wie im Rezept nun die geronnene Mayonnaise in zunächst sehr kleinen Portionen zu. Kräftig mit dem Schneebesen aufschlagen.

MAYONNAISE IST ZU FEST

In diesem Fall rühren Sie einfach ein paar Tropfen lauwarmes Wasser unter. Je nach der gewünschten Würzung können Sie auch ein paar Tropfen Zitronensaft oder Essig verwenden. Soll die Mayonnaise cremiger werden, rühren Sie etwas geschlagene Sahne oder Joghurt unter.

SABAYON FÄLLT ZUSAMMEN

Sollte die Sabayon nicht mehr schaumig und luftig sein, schlagen Sie die Sauce einfach noch einmal über dem Wasserbad auf. Aber nicht zu heiß werden lassen, sonst flockt das enthaltene Eigelb aus – und dann müssen Sie leider ganz von vorne beginnen!

SAUCE HOLLANDAISE GERINNT

Wenn sie zu stark erhitzt wird, gerinnt das Eigelb und es bilden sich die berüchtigten Klümpchen. Stellen Sie den Topf schnell in kaltes Wasser und rühren Sie als erste Hilfsmaßnahme einen Eiswürfel mit dem Schneebesen unter. Hat das keinen Erfolg, schlagen Sie in einem anderen Topf 1 Eigelb mit 1 EL Wasser bei kleiner Hitze auf dem Wasserbad auf. Fügen Sie dann die geronnene Hollandaise in zunächst sehr kleinen Portionen zu und schlagen Sie die Mischung dann kräftig mit dem Schneebesen auf.

VANILLESAUCE GERINNT

Sollte Ihnen das Missgeschick passieren, dass die Sauce zu heiß wird und dadurch das Eigelb ausflockt, kühlen Sie die Sauce sofort im kalten Wasserbad ab. Danach mit dem Handrührgerät kräftig durchrühren und durch ein feines Sieb passieren.

GLOSSAR KÜCHENTECHNIK

Ablöschen Zugießen einer Flüssigkeit wie Wasser, Fond, Wein, Spirituosen oder Sahne nach dem Anbraten. Dabei den Bratensatz, der sich am Boden der Pfanne oder des Topfs gebildet hat, unter Rühren lösen und aufkochen. Diese Röststoffe intensivieren Aroma und Farbe der Saucen.

Abschäumen Entfernen des Schaums, der sich beim Kochen eines Fonds an der Oberfläche absetzt. Das geschieht am besten mit einer Schaumkelle oder einem feinen Drahtsieb. Damit lassen sich die Schweb- und Trübstoffe entfernen.

Abschrecken Gemüse direkt aus dem Kochwasser in eiskaltes Wasser geben, um den Garvorgang zu stoppen und zu verhindern, dass es nachgart und zu weich wird. Dabei bleibt bei Blattgemüsen auch die Farbe erhalten.

Anbraten Fleisch in wenig Fett (keine Butter verwenden) bei starker Hitze rundum anbraten, sodass sich die Poren schließen und kein Saft austritt. Die dabei entstehende Bräunung enthält aromatische Röststoffe, die der Sauce Aroma und Geschmack verleihen.

Anschwitzen Zwiebel und sonstiges Gemüse in Fett bei kleiner Hitze garen, ohne dass sie dabei bräunen und sich Röststoffe bilden.

Aufschäumen Eine Sauce kurz vor dem Servieren, meist nach Zugabe von etwas kalter Butter oder Sahne, mit dem Stabmixer aufschlagen. Das macht die Sauce luftiger.

Aufschlagen Mit dem Schneebesen Luft in eine Masse einschlagen, um sie zu lockern und gleichzeitig zu binden. Häufig schlägt man Saucen auch über einem heißen Wasserbad auf, bis sie dick-cremig sind.

Binden (legieren) Flüssigkeiten, z.B. Saucen, Suppen, Cremes, durch Einrühren von Bindemitteln wie Speisestärke, Sahne oder Eigelb andicken und sämig machen. Siehe dazu ausführlich S. 20.

Blanchieren (*blanchir*, frz., *weiß machen*) Übergießen von rohen Zutaten (vor allem Gemüse) mit kochendem Wasser oder sehr kurzes Kochen in sprudelndem Wasser, oft Salzwasser. Dadurch werden Verunreinigungen und schädliche Mikroorganismen beseitigt. Blanchieren dient auch der Farberhaltung und Häute oder Schalen (z. B. bei Tomaten) lassen sich leichter entfernen. Blanchiert man vor der Fondzubereitung die Knochen, muss man ihn weniger häufig abschäumen.

Coulis Dickflüssiger Saft oder passiertes, flüssiges Püree von Gemüsen oder Früchten, aber auch von Fisch und Meeresfrüchten.

Demiglace (frz., *demi = halb*) Weniger stark reduzierter Fond (siehe **Glace**), der beim Abkühlen geliert. Vor der Verwendung wird die Demiglace leicht erwärmt.

Entfetten (degraissieren) Entfernen von überschüssigem Fett. Das kann durch Abheben der Fettschicht nach dem Erkalten, durch Abschöpfen mit einem großen Löffel oder durch Absaugen mit Küchenpapier erfolgen.

Essenz Eher unspezifisch verwendeter Begriff, der eine stark reduzierte Brühe oder einen konzentrierten Fond bezeichnet.

Filetieren Bei Zitrusfrüchten das Entfernen der Schale bis zum Fruchtfleisch und das Herausschneiden der einzelnen Filets zwischen den Fruchthäuten. Dazu benötigt man ein sehr scharfes Messer. Auch Fische werden filetiert, indem man sie von Haut und Gräte löst, um die Filets freizulegen.

Fond (frz., *Grundlage*) Kräftige helle oder dunkle Flüssigkeit, die beim Kochen von Fleisch, Geflügel, Fisch und Gemüse gewonnen wird und als Grundlage für Saucen dient. Oft auch als Brühe bezeichnet.

Gewürzsäckchen Kleiner Beutel aus Mulltuch oder auch ein Behälter aus Metall, in den man Gewürze zum Mitgaren gibt und der anschließend einfach wieder entfernt werden kann.

Glace Sehr stark reduzierter Fond, der beim Erkalten fest wird. Vor der Verwendung wird die Glace leicht erwärmt. Sie kann aber zur Bindung auch in festem Zustand in die Sauce eingerührt werden.

Gratinieren (frz., *gratin = Kruste*) Überbacken einer Speise (mit geriebenem Käse, Semmelbröseln, Buttermischungen etc.) im Ofen bei starker Oberhitze oder unter dem Grill, sodass eine hell- oder goldbraune Kruste entsteht.

Jus (frz., *Saft*) Ungebundener Fleisch- oder Bratensaft, der nach dem Erkalten geliert. Er wird aus Kalbsknochen hergestellt. Auch ein reduzierter Fond wird Jus genannt.

Karamellisieren Schmelzen und Bräunen von Zucker durch Erhitzen, bis er zähflüssig wird. Dabei darauf achten, dass er nicht zu dunkel und damit bitter wird.

Karkassen (frz., *carcasse = Rumpf, Gerippe*) Das Gerippe von Geflügel, Fischen sowie von Schalentieren. Wird zur Zubereitung von Fonds und Saucen verwendet.

Kochen Das Erhitzen einer Flüssigkeit bis zum Siedepunkt und das Garen im ca. 100 °C heißen, wallenden Wasser.

Klären Entfernen von Trübstoffen bei Flüssigkeiten. Butter wird durch Erhitzen geklärt. Dabei trennen sich Fett und Wasser, die Eiweißstoffe gerinnen und setzen sich als weißer Schaum ab, der mit einer Schaumkelle entfernt wird. Die Butter so lange köcheln lassen, bis sie klar ist. Geklärte Butter kann höher erhitzt werden. Sie ist auch wichtige Grundlage für die Zubereitung von Sauce hollandaise.

Köcheln Sanftes langsames Garen in einer Flüssigkeit bei kleiner Hitze, so dass sich die Oberfläche nur leicht bewegt.

Marinieren Einlegen von Fleisch und Fisch in Würzflüssigkeiten (meist aus Essig, Wein, Zitronensaft, mit Kräutern und Gewürzen), um sie zu aromatisieren und auch zarter und mürbe zu machen.

Mehlschwitze (Einbrenne, Roux) Dient als Bindemittel für Saucen. Dafür werden Mehl und Fett zu gleichen Teilen in einem Topf je nach gewünschtem Bräunungsgrad angeschwitzt und dann mit kalter Flüssigkeit aufgegossen.

Mie de Pain Fein geriebenes Weißbrot oder Toastbrot ohne Rinde.

Montieren Eiskalte Butterstückchen in eine Sauce mit dem Schneebesen einarbeiten. So wird sie leicht gebunden, sämig und bekommt einen schönen Glanz.

Nappieren (frz., *nappe = Tischtuch*) Überziehen oder vollständiges Bedecken von Speisen beim Anrichten mit einer in der Regel dickflüssigen Sauce.

Parüren (frz., *parer = herrichten*) Teile, die beim Zurechtschneiden (Parieren) von Fleischoder Fischstücken abfallen. Diese Abschnitte (Haut, Sehnen, Fett) können zur Zubereitung von Fonds und Saucen verwendet werden.

Passieren Gießen, Streichen oder Drücken einer Flüssigkeit durch ein entsprechendes Sieb oder ein feines Tuch.

Passiertuch Zum Durchsieben oder Durchdrücken von Saucen, Suppen oder feinen Pürees. Das Tuch besteht meistens aus Etamin, einem festen, gazeähnlichen Gewebe.

Reduzieren Eine Flüssigkeit im offenen Topf bei starker Hitze einkochen lassen. Dabei verdampft ein Teil des Wassers, die Konsistenz wird dadurch sämiger und der Geschmack konzentrierter.

Reduktion Stark eingekochte Flüssigkeiten mit verschiedenen Würzzutaten, die man zum Verfeinern von Saucen verwendet oder auch als geschmackliche Basis, z. B. beim Aufschlagen einer Sauce hollandaise.

Rösten Bräunen von Speisen bei hoher Temperatur mit oder ohne Fett. Dabei bilden sich aromatische Röststoffe, die Fonds und Saucen nicht nur einen intensiven Geschmack verleihen, sondern auch eine kräftige dunkle Farbe.

Sabayon Eine cremige Sauce, die im Wasserbad aus Eigelb und Zucker unter Zugabe von Weißwein, Marsala oder Sekt aufgeschlagen wird.

Velouté (Samtsauce) Mit Mehl oder Mehlschwitze gebundene und in der Regel mit Sahne verfeinerte helle Grundsauce.

Wasserbad Über dem Wasserbad werden empfindliche Cremes und Saucen aufgeschlagen, die nicht kochen und auch nicht mit dem heißen Wasser in Berührung kommen dürfen. Dafür verwendet man entweder ein spezielles Gerät, eine Bain-marie, oder man setzt eine Edelstahlschüssel auf einen Topf, in dem sich das heiße Wasser befindet.

Zur Rose abziehen Eine Sauce oder Creme mit Eigelb im heißen Wasserbad unter Rühren aufschlagen und binden, ohne sie kochen zu lassen. Die richtige Konsistenz ist erreicht, wenn die Sauce dickflüssig auf der Rückseite eines Kochlöffels liegen bleibt und sich rosenartige Muster bilden, wenn man daraufbläst.

REGISTER

KOSMOS.
Verführerische Vielfalt.

Carlo Bernasconi • Marlisa Szwillus | Italia
240 S., ca. 300 Abb., €/D 29,90
ISBN 978-3-440-12243-3

Cornelia Schinharl | Biokisten Kochbuch
144 S., ca. 160 Abb., €/D 14,95
ISBN 978-3-440-12248-8

Eine kulinarische Reise

Antipasti, Primi Piatti, Secondi Piatti, Contorni, Dolci – so speist man richtig italienisch. Die beliebte Länderküche lebt von frischen, qualitativ hochwertigen Zutaten und schlichten Rezepten. Kommen Sie mit auf eine kulinarische Reise durch die Jahreszeiten – hier wird schon das Kochen zum Genusserlebnis!

Für jede Jahreszeit

Die Biokiste – Woche für Woche wartet sie frisch vom Produzenten auf manchmal etwas ratlose Küchenakteure. Und auch auf dem Wochenmarkt stößt man immer wieder auf unbekannte, fast vergessene Gemüsesorten. Für jede Jahreszeit stellt die Autorin typische regionale und saisonale Gemüsesorten vor und zeigt abwechslungsreiche Rezepte, die zum Ausprobieren einladen.

www.kosmos.de/essen_und_trinken

AKTEURE

Peter Auer ist Küchenchef und hat in vielen renommierten Restaurants im In- und Ausland gelernt und gearbeitet. Kulinarische Stationen waren z. B. das berühmte Dorchester Hotel in London, Sterne-Restaurants wie „Die Ente vom Lehel" in Wiesbaden oder der „Adler" in Asperg, wo er 12 Jahre als Küchenchef tätig war. Heute leitet er die Küche im Deutschen Sparkassenverlag in Stuttgart und gibt seinen reichen Erfahrungsschatz als Referent an der Akademie des deutschen Hotel- und Gaststättenverbandes und in vielen Kochkursen weiter. Die Grundlagen der Saucenküche und viele kreative, abwechslungsreiche Rezepte, die sicher gelingen, hat er für Sie in diesem Buch zusammengestellt und anschaulich erläutert.

Eising Foodphotography ist im Bereich der Foodfotografie eines der renommiertesten Studios in Deutschland. Seit über 30 Jahren wird hier in München unter Volldampf produziert und dabei doch sanft gegart.

Martina Görlach – ihr Name ist untrennbar mit Eising Foodphotography verbunden. Künstlerisch sehr interessiert und begabt, arbeitete sie schon früh kreativ als Glasmalerin und Restauratorin. Erste Styling-Jobs führten sie ins Studio Eising. Schon bald stellte die Fotografie eine neue Herausforderung dar. Mit Liebe zum Detail und zum Essen ist Martina Görlach nicht nur mit Professionalität, sondern auch mit Herz und Seele am Werk. Auszeichnungen der Gastronomischen Akademie und der Historia Gastronomica Helvetica sprechen für sich. Doch am wichtigsten ist für die Food-Fotografin die Arbeit im professionellen Team.

Michael Koch – sein Name ist Programm – war viele Jahre als Koch in der gehobenen Gastronomie tätig. Seit 2000 arbeitet er als Food-Stylist und ist auch als Kochbuch-Autor und Rezeptentwickler erfolgreich.

Julia Skowronek hat sich nach ihrer Ausbildung zur Köchin und vielen lehrreichen Jahren in der Gastronomie 1999 dafür entschieden, als freie Food-Stylistin und Rezept-Autorin zu arbeiten.

Ulla Krause ist für Ausstattung und Requisiten verantwortlich. Als passionierte Sammlerin mit ausgeprägtem Gespür für Ästhetik und das Besondere, findet sie für alle Produktionen das Passende.

IMPRESSUM

Mit 121 Farbfotos von Martina Görlach

Umschlaggestaltung von Gramisci Editorialdesign, München unter Verwendung eines Fotos von Martina Görlach

Rezepte, Geling-Tipps, Infos zum KOSMOS-Kochbuch-Programm und vieles mehr unter **www.kosmos.de/gut-gekocht**

Unser gesamtes lieferbares Programm und viele weitere Informationen zu unseren Büchern, Spielen, Experimentierkästen, DVDs, Autoren und Aktivitäten finden Sie unter **www.kosmos.de**

Gedruckt auf chlorfrei gebleichtem Papier

© 2010, Franckh-Kosmos Verlags-GmbH & Co. KG, Stuttgart
Alle Rechte vorbehalten

ISBN 978-3-440-12241-9

Projektleitung und Lektorat: Dr. Eva Eckstein
Redaktion: Dr. Günther Fetzer, Grasbrunn
Gestaltungskonzept und Layout:
Gramisci Editorialdesign, München
Satz: Cordula Schaaf, Graphic Design, München
Produktion: Eva Schmidt

Printed in Germany / Imprimé en Allemagne

Mix
Produktgruppe aus vorbildlich bewirtschafteten Wäldern, kontrollierten Herkünften und Recyclingholz oder -fasern
Product group from well-managed forests, controlled sources and recycled wood or fibre
www.fsc.org Zert.-Nr. SGS-COC-004238
© 1996 Forest Stewardship Council